しぐさの技術

伝わり方が劇的に変わる!

コムトレーニング講師
荒木シゲル
Shigeru Araki

同文舘出版

はじめに——会ってトクする人、ソンする人

世の中には、会ったときの印象で、トクする人とソンする人がいます。

それほどハンサム、美人じゃないのに性格がよくてモテる人。

まだ若くて経験も少ないけど、リーダーに抜擢される人。

間違ったことを言っていないのに、言い方が気に入らず、どうも好きになれない人……。


そもそも人の印象とは何でしょうか？

容姿、声、表情、受け答えのタイミング、会話のおもしろさ、知識、服装、ジェスチャー……。


就職面談の前日には、誰でも髪型や服装など、自分の印象をよくするためにいろいろと考えるはずです。交わされる質問を想像して、答えを実際に声に出して練習してみたり、鏡の前で自分の表情をチェックしたり……。

私たちがそれほどこだわるのは、相手の感じ方しだいで結果が大きく変わってしまうからです。いい結果を得るためには、少しでもいい印象を残さなければなりません。

そのときに重要になるのは、「ノンバーバル（非言語）」と分類される、**言葉に頼らないコミュニケーション**です。

企業側はあらかじめ、あなたの履歴書には目を通しています。それでも、書類だけで選考することはなく、面接が行なわれます。「ネット社会」などと呼ばれる現代であっても、人柄や性格、相性や仕事の適性といったものは、実際に相手と対面しなければ判断できないからです。

社内で新しいプロジェクトの担当者を決めるとき、取引先と契約を結ぶとき、家や車など大きな買い物をするとき、恋に落ちるときも同様です。

人生の重要な場面では、一度は実際に会って、信頼できる相手かどうかを判断しようとするのです。

あなたのふるまいは、状況に適したものでしょうか？

しっかりやっているつもりでも、周囲にそれが伝わっているとは限りません。誰でも自分を客観視することは困難なのです。

特に近年では、電子メールやインターネット、ＳＮＳの普及により、対面コミュニケーションの機会が減っています。実際に相手と会って会話をしたり、仕事の相談をすることが減りました。

わざわざ出向く手間を考えると、メールで用件を伝えるのは時間の節約になります。そういう意味でもデジタルなコミュニケーションは大変便利ですが、結果的に人と会う機会が減ってしまいます。

機会が減れば、苦手意識が生まれるのは当然のことです。

人と会うことや会話することが億劫に感じられることはないですか？

これはテクノロジーが発達した現代に生きる、私たちが直面しているジレンマです。

本書では、そんな現代を生きるあなたに向けて、会ってトクするための対面コミュニケーションのテクニックをご紹介します。

面接、接客、会議、プレゼン、恋愛など、人と対面しての会話は、その瞬間瞬間が勝負です。常に「本番」です！

いくらメールやSNSが普及してもそれに変わりありません。

聞いていた感じよりも、実際会ってみたらやさしそうな人だった。

履歴書の写真は真面目そうだったけど、実際はチャラい感じの若者だった。

そんなことはよくあることです。

ウワサや周囲の話やネットの評判より、結局人は「実際に会った印象」を大事にするものです。うまく自己アピールできれば、確実に存在感を相手に印象づけ、信頼関係を築くことができます。

自信を持ったふるまいは、集団の中でも輝きを放ちます。ちょっとした「しぐさ」で、結果に大きな違いが出てきます。

立ち居ふるまいの質を高め、「本番に強い」自分になりませんか？

誰もがデジタルコミュニケーションに頼る今だからこそ、人に差をつける絶好のチャンスなのです！

もくじ

伝わり方が劇的に変わる！　しぐさの技術

4章 さまざまな場面で使えるステイタス・コントロールの技術

5章 自分の「ナチュラル・ステイタス」を味方にする

6章 ステイタスをコントロールする会話術

イラスト……どい せな
装幀・本文デザイン・DTP……ISSHIKI

1章

しぐさは"口以上に"ものを言う

no. 1 キモチは熱意だけでは伝わらない！

これまでのあなたの人生を振り返り、自分がどのような印象を人に持たれていたか、想像してみてください。

職場や学校の人間関係で、「本当の自分がわかってもらえない」、または「正当な評価が得られない」と感じた経験はありませんか？

でも、甘えてはいけません。

そもそもの前提として、**「本当の自分」なんて簡単に相手に伝わるものではない**のです。

「誠意」や「熱意」なんてものも同様です。

どうも私たちは、「一生懸命やっていれば、きっと相手はわかってくれるはず」という夢を抱いてしまう傾向があります。

実際はそういうことはありません。どんなに高い志を有していようとも、それを人に伝えるためにはスキルが必要です。

これは私が身をもって経験したことです。

小学校1年生の夏休み、初めて地元の公園でラジオ体操に参加しました。

家に帰ると母親が、

「なぜ、あんなに適当にやっていたの！」

とカンカンに怒っています。

自分としては、身に覚えのないことで、とても理不尽な思いでした。

しかし、私はその後も同じような体験を、何度も味わうことになりました。

小学生のときに習っていた柔道の道場では、先生から「真面目にやっていない」と目の敵にされ、腕立て伏せやうさぎ跳びなど、事あるごとにペナルティを課されました。

また、地域のソフトボールクラブの監督からは、なぜか「チンタラ小僧」とあだ名をつけられ、練習後、いつも1人だけ校庭のランニングをさせられました。

いつでもそのような調子でしたので、本当にうんざりしていました。

転機が訪れたのは、イギリスに留学してパントマイムスクールに通うようになったときです。入学して間もなく、先生から筋肉の使い方について注意を受けました。

「君は全体的に筋肉の使い方がソフトだ。観客にインパクトを与えるにはもっと力強く、高いテンション（緊張）で筋肉を使いなさい」

そのとき初めて、これまで「チンタラしてる」と言われ続けてきた理由がわかりました。全身の筋肉をソフトに（リラックスぎみに）使うと、姿勢が悪くなり、動きも小さくなるので、消極的な印象を人に与えてしまいます。私はたまたま、そういうクセを持っていたのです。

それまで幾度となく、「適当にやってる」と叱られてきたのは、**モチベーションの低さではなく、表現力が原因だった**のです。

◆自分のカラダをコントロールして、思い通りに伝えよう！

自分の考えや感情が的確に表現されなければ、人に誤った印象を与えてしまいます。こういった誤解を生み出さないためには、自分のカラダをイメージ通りにコントロールする能力が必要なのです。

私はこれを**「身体コントロール能力」**と呼んでいます。

「身体コントロール能力」はあなたのキモチを相手に伝えるために、なくてはならない能力です。

これがないと、どうなってしまうのでしょうか？

ディズニーランドに恋人と一緒に行って、キモチはとても楽しいのに、相手にはそれが伝わっていないとしたら？

きっと相手はあなたが退屈していると思うでしょう。相手は「退屈なのはもしかしたら自分のせい？」などと考えてしまうかもしれません。

「そんなことないよ」

「じゃあ、何が気に入らないの？」

といった会話に発展してしまいます。想像するだけで面倒くさいですね。

または、毎朝9時半の定例ミーティングに部下が遅刻してくるといった状況。きつく注意しても、一向に直りません。

「まあ、遅刻くらいのことだし、一応は体裁で注意してくるけど、○○さんはやさしいから大丈夫かな」くらいにしか思っていないからです。

でも、大声で叱るのは自分のキャラではないし、かといって、このままだと管理責任を問われてしまう……。

いずれも、自分のカラダをコントロールできず、キモチが伝わっていないために生まれた誤解です。

さらにやっかいなことに、人は一度信じた考えを、なかなか変えようとしません。**以心伝心的にノンバーバルで得た情報や考えであれば、なおさらそれが強い**のです。

たとえば面接で、前職や学生時代の活動について質問されたとします。

その質問の答えは「バーバルな情報」ですが、同時に、「ノンバーバルな答え」を面接官はあなたの受け答えから探っています。

仕事に対する責任感は強いか。しっかりと論理的に会話することができるのか。精神的に強いのか、などなど。

面接官が本当に知りたいのは、そういったあなたの人間性の部分ですが、直接質問されることはありません。別の質問の受け答えから、勝手に推測されるのです。

そもそも質問されていないので、間違って伝わってしまっても訂正するのは困難です。「いや、本当は違うんです、信じてください！」と言うこと自体、言い訳にしか聞こえません。


誤解が生じてしまったのは、相手に見る目がないからでしょうか？

もしかしたら、あなたの伝え方が不十分だったのか、誤った情報を相手に伝えていたのかもしれません。

ノンバーバルな情報であったとしても、相手が勝手に受け取ってしまうような状況はなくさなければいけません。積極的にこちらから伝えていく「攻めの姿勢」が必要なのです！

まずはあなたが相手と対面しているとき、いったい何をコミュニケートしているのか、ひもといて考えてみましょう。

no.2 言葉を使わないパントマイムは、なぜおもしろいのか？

皆さんはパントマイムをご覧になったことがありますか？

カラダの動きだけで壁を見せたり、その場歩きをしたり、軽いはずの風船が重くなったり……という、例のやつです。テレビや大道芸などで、一度はご覧になったことがあるのではないでしょうか。

パントマイムにはいろいろなスタイルがあるのですが、ちょっとマジックを見ているような、不思議な気分になりますよね。

パントマイムのおもしろさは、「そこに実際には存在しないもの（イリュージョン）」を見せてくれるところにあります。演者はそれをカラダの動きで表現して、観客は想像力を使って「見る」わけです。

「イリュージョン」の表現は、実は「壁」や「風船」だけではありません。

本来あるはずのオブジェクトや重さを動きで見せるだけなら、単なるジェスチャーゲームになってしまいます。パントマイムの醍醐味は、**最小限の動きで最大をイメージさせるような、「伸びしろ」的な表現**にあります。

たとえば、恐ろしいモンスターを細かく表現する代わりに、怖がる主人公のリアクションを見せるとします。

すると、観客はキャラクターに感情移入して、「自分にとって一番怖いモンスター」のイリュージョンを見るわけです。それはその人の趣味や好みに合った完璧なイメージ（想像）なので、うまくいけば実物を見せるより効果的な演出となります。

ただし、これはあくまでも「うまくいけば」の話です。

演出に失敗したり演者の技術が低ければ、ただだまって変な動きをしているだけの退屈な出し物になってしまいます。

「いかに観客に質のいい『イリュージョン』を見せることができるのか」が、パントマイマーの腕の見せ所というわけです。

◆人は想像せずにはいられない生き物

想像力を働かせることって楽しいですよね。

そもそも人は**「想像欲」**のようなものを持っていると、私は思うんです。想像力を働かせることに快感に感じるように、脳やＤＮＡにインプットされているんじゃないかと。

だから、想像せずにはいられないのです。

たとえば、よくデザインやアイデアの話をするときに「シンプル・イズ・ベスト」なんて言いますね。

シンプルなものを皆が好むのは、足りない要素を「見る人の想像力」で補完できるからではないでしょうか。

パントマイムと同じ原理です。「そこにない形」のイリュージョンを想像する楽しさ。

すべてわかりやすく説明されるのではなくて、「想像して」理解したいんです。自分の想像力を使う余地のないような状況だと、物足りないというか、ちょっとバカにされたように感じてしまいます。ある種の欲求不満ですね。

「想像せずにはいられない」。人はそういう生き物なんだと思います。

だからこそ、時に誤解や問題が起きてしまうのです。

あなたが意図しなくても、相手が勝手にイメージをつくり上げてしまうようなことが、日常では頻繁に起きています。

◆勝手に想像されてしまう、あなたの頭の中

私が行なうワークショップで、発想力を高める目的で行なう**「イス以外」**というゲームがあります。

ルールは簡単です。まず参加者全員で円をつくり、中央にイスを置きます。

そして参加者の1人がイスに駆け寄り、即座にそのイスを「イス以外のもの」として使

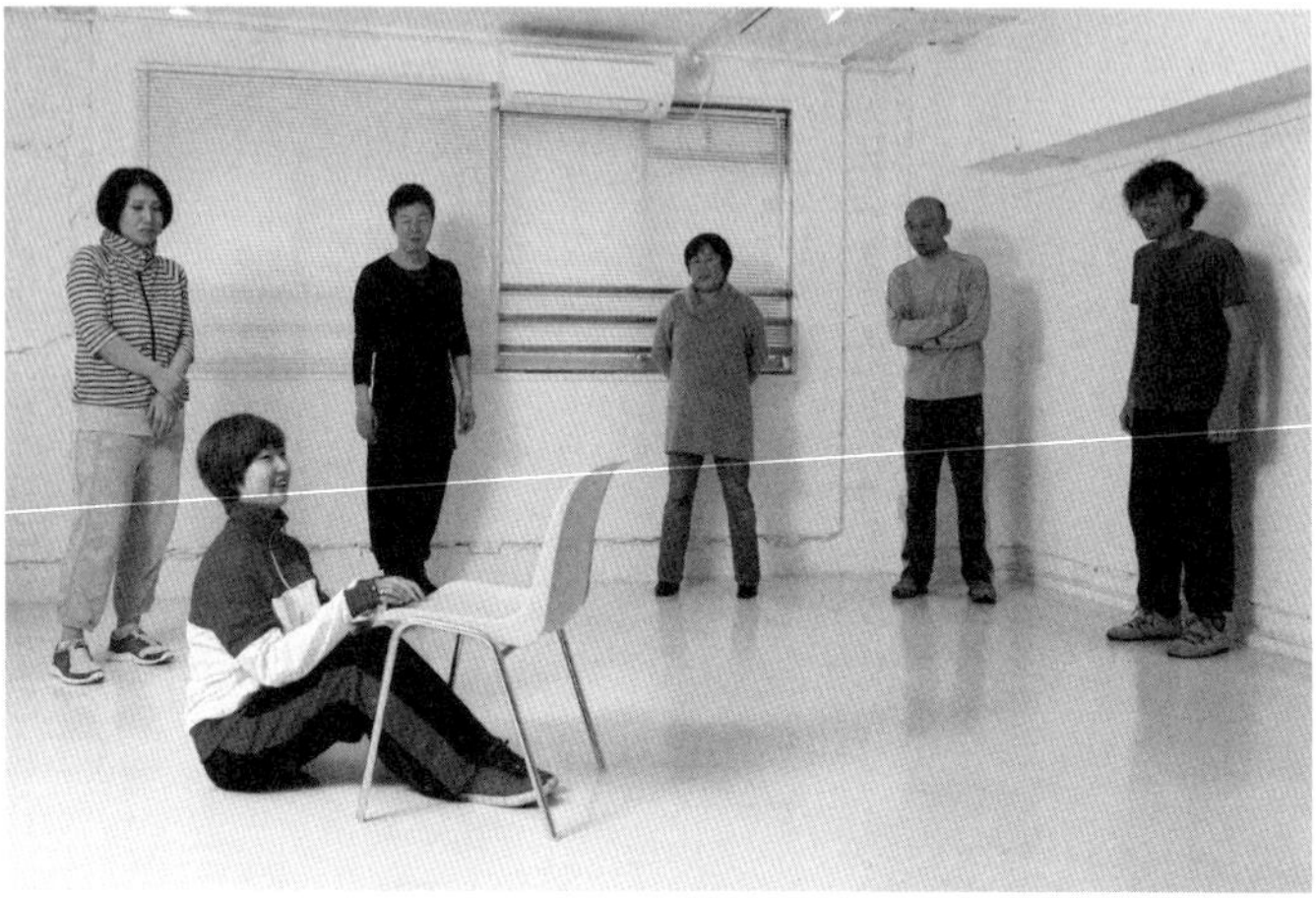

ゲーム「イス以外」の様子。しぐさが相手の想像を呼ぶ

うジェスチャーをします。

たとえば、そのイスの座席部分でキーボードを打つようなしぐさをします。

周りにいる他の参加者はそれを見て、「パソコン！」とか「ピアノ！」といった具合に、何を示しているのかを当てる、というゲームです。

順番になったら素早く駆け寄って、すぐにジェスチャーしなければいけないルールなのですが、アイデアに詰まってしまうと、それができません。

イスの側にきたものの、何を表現すればいいのか思い浮かばず、イスの周りをまわってみたり、腕を組んで考え込んだりしてしまいます。

するとおもしろいことに、周囲はそのしぐさを見て、勝手に答えを想像し始めます。イスに手をかけて考えていれば「杖！」とか、少し離れてイスを凝視していれば「テレビ！」といった具合です。

当事者はそのつもりがなくても、周囲は何らかのメッセージを勝手に受け取ってしまいます。

このような誤解は、生きていくうえでは日常茶飯事です。人は誰かと対面するとき、話の内容やしぐさから、相手のココロの中を想像しないではいられないのです。

もちろん、それがすべて正しいとは限りません。勝手な誤解であるかもしれませんが、相手が想像してしまうのを責めることもできません。

だからこそ、伝える側は、正確な情報を相手に伝えるための技術が必要なのです。

◆どうしたら相手に伝わるのか？

パントマイムは言葉を使わない分、表現の仕方に細心の注意を払います。

私が通ったパントマイムスクールでは、自分の作品をクラスで見せるとき、発表後に演者本人が自分の作品について説明することは許されませんでした。

「タイトル」と「作品」がすべてで、先生やクラスメートが見て何が起きているのかわからなかったら、「表現が不十分だった」ということになってしまいます。

私は、「コミュニケーション」もそのように割り切って考えるべきではないか、と思うのです。

つまり、伝える側が「うれしい」という気持ちを伝えたいとき、それが伝わらなかったとしても、**受け手に責任はない**のです。

もちろん、受け手も相手を理解しようと努めるに越したことはないのですが、あくまで伝える側を主体に考えたとき、何にせよ相手にわかるように伝えなければ意味がありません。「なんでわかってくれないの!?」と責め寄るより、相手にどうしたら伝わるか工夫すべきだと思います。

とはいえ、簡単にできることではありませんよね。

◆サルはパントマイムを理解しない

「サルはパントマイムを理解しない」という話があります。パントマイムを理解するのは人間だけなのだそうです。

人間以外の動物は、リンゴを見ればリンゴだと理解しますが、リンゴを食べるパントマイムを見ても、リンゴ、もしくは何かを食べているジェスチャーだと理解できません。

パントマイムを理解する人間と、理解しないサル。

その違いは何でしょうか？

動作で対象物を連想するチカラ、または、今自分がいる場所とは違うところについて考えたり、過去や未来を考えることができるチカラでしょうか。

「パントマイムのリンゴを理解する」ということは、それを演じているパントマイマー本人ではなくて、彼が演じている「架空の人」が「架空のリンゴ」を持っている、という概念が理解できていることになります。

また、それを食べるしぐさをすることで、「その架空のリンゴはおいしいんだな」とか、

「その架空の人はお腹が空いていたのかな」などと想像するわけです。

つまり、真実ではない、「つくられたお話」の世界観を理解していることになります。

実は、それってすごく大きな違いなのです。

「パントマイム」は、とても原始的なバーチャル・リアリティだと言えます。本当ではないんだけど、本当だと想像することが楽しいんですよね。

動物園でサルやチンパンジーを見て、人間と似ている部分はよく目につきますが、こういった点では、「見た目以上に違うんだ」と実感させられます。

no.3 言語（バーバル）で伝わること、非言語（ノンバーバル）で伝わること

話を人のコミュニケーションに戻しましょう。

言葉で意思や感情を伝えることを**「言語（バーバル）コミュニケーション」**、言葉以外のしぐさや態度で伝えることを**「非言語（ノンバーバル）コミュニケーション」**と言います。

本書は主に非言語、つまりノンバーバル・コミュニケーションについて書いているのですが、実は、「バーバル」と「ノンバーバル」を厳密に区別するのは難しいのではないか、と私は思っています。

たとえば、文章であっても「行間を読む」ようなことはノンバーバルですし、会話でも抑揚や声のトーンもノンバーバルに分類されます。

一方、ジェスチャーが言葉と変わらない働きをすることもあります。
外国に行って食べ物を指差して、指1本で「1」と出せば、世界中どこへ行っても意味は伝わります。

「バーバル」と「ノンバーバル」、つまり言葉としぐさは、切り離して考えることはできないのです。

脳科学では、ジェスチャーは言葉の起源であるという考えもあるそうです。

とはいえ、バーバルとノンバーバルとでは、それぞれ伝えやすいことや伝えづらいこと、得意・不得意があります。

たとえば、人や物や場所の名前、時間の経過といった「事実」を述べるときは、バーバルな表現で伝えます。「来週の金曜日、新宿駅の南口で19時に待ち合わせ」といった内容を正確に伝えたいときですね。

一方、感情や個性、その人の欲求やココロで考えていることは、バーバルでも表現できるのですが、相手はノンバーバルで伝えられたことを重視する、という傾向があります。

「とてもうれしいです。ありがとうございます」と視線を合わさず、暗い声で伝えたとしたら、相手は信用するでしょうか？

きっとその言葉には裏があり、うれしくもないし、感謝もしていないのに、そう言っているだけと捉えられ、相手は真意を疑います。

でも、ちょっと暗い顔で「新宿駅の南口で19時」と伝えても、相手は「もしかしたら恵比寿駅に19時かもしれない」とは思わないのです。

待ち合わせの場所や時間をノンバーバルで伝える方法はありません。したがって、事実は「言葉で伝えられたことがすべて」ということになります。

でも、感情はそれと違って、やや複雑です。バーバルでも感情を伝えることはできますが、ノンバーバルで受け取ったことのほうを相手は信用します。

相手との意思の疎通がうまくいかない、とか、どうも気持ちが伝わらない、といった問題は、言葉に原因があるとは限りません。**伝え方やしぐさといったノンバーバルの部分に問題があるのかもしれない**のです。

◆「話せばわかる」が通じないとき

感情表現においては、「バーバル」は「ノンバーバル」の補足でしかありません。

つまり、「楽しいです」という言葉が信じられるのは、「楽しんでいる態度」を相手が実感できたときだけなのです。

「楽しいです」と言いながら、態度ではそう見えないとき、つまり**「バーバル」と「ノンバーバル」の矛盾が起きてしまったとき、相手はあなたの言葉を疑います**。そして、「本当にそう思ってるの!?」ということになってしまいます。

このような誤解は、親しい間柄であれば、それほど問題にはならないかもしれません。ある程度は個性として相手が理解してくれたり、時間をかけて説得すれば「バーバル」も時には役に立ちます。「話せばわかる」ってやつですね。

トラブルに発展してしまいがちなのは、初対面だったり、仕事での人間関係、大人としての責任や社会性が求められるような状況です。

適切な態度でふるまわなければ、信頼を失いかねません。あなたにそのつもりはなくても、「不機嫌だ」とか「モチベーションがない」と相手が感じたら、そういう人柄だと理解されてしまいます。

つまり、誤った表現によって、コミュニケーションに失敗してしまうわけです。

最近は、メールやSNSの普及により対面コミュニケーションをする機会が減ってしまったせいで、社会全体のノンバーバル・スキルが低くなってきていると感じます。

これはつまり、「身体コントロール能力」の低下です。20年以上にわたって、私はさまざまな業種の方に身体表現を教えてきましたが、特にここ数年、強く感じることです。

相手とよりよい関係を築くために、今こそカラダの使い方やその意味を理解して、スキルの改善をしていく必要があると、私は考えています。

no.4 コミュニケーションの優劣を決める「ステイタス」

ところで実はもう1つ、人間関係の悪化やトラブルの原因となりうる事柄があるのです。バーバルとかノンバーバルとはまた別のレベルの、本能に近い部分と言ってもいいかもしれません。

それは、人が権力を主張して「優位なポジション」に立とうとするふるまいに関係しています。

たとえば、コンビニエンスストアで買い物をしようとしたとき、店員がたまたまお釣りを間違えてしまったとします。気づいたあなたは、特に声を荒げることもなくそれを指摘します。

そのとき、店員が無言で足りないお釣りを返してきました。または、明らかにふてくされた態度で、ぼそっと「さーせん（すみません）」と言ったとします。

このような状況ではきっと誰でも不快な気持ちになってしまいます。間違いそのものは誰にでもあることで大したことではないのですが、ミスをしたのは店員なので、誠意を態度で示すべきなのです。

それをわきまえないふるまいは、本来あるべき関係を崩してしまうものです。ちょっとしたトラブルに発展してしまいそうな予感がしますね。


ただし、これは先に説明した、「バーバル」なり「ノンバーバル」の表現力が低いためにコミュニケーションに失敗しているのとは違う状況です。

「謝罪する気持ちがあるのに、それをうまく伝えられない」というわけでなく、むしろあなたを不快にしようとする意思が感じられます。

店員はふてくされた態度をとることで、本来、立場が弱いはずの「釣り銭を間違えた店員」と、少し強い立場の「お客」という関係に反発しようとしているのです。

こういった人の力関係、その状況での優劣の関係を、演劇用語で**「ステイタス」**と呼びます。

◆権力のバロメーター「ステイタス」とは？

「ステイタス」は、主に即興演劇（インプロ）で使われる言葉で、登場人物同士の権力の大きさを示すときに使われます。

ステイタスが高ければ、権力が強く「相手を支配できる立場」です。また、ステイタスが低ければ、力が弱く「支配される立場」です。

おとぎ話でいうと、国を治める王様や悪を支配する魔王などはステイタスが高いキャラクターです。一方、みすぼらしい身なりの乞食や、木こりやカエルやロバといったキャラクターは低いステイタスです。

ステイタスが高いキャラクターは堂々とゆっくりふるまい、低いキャラクターはオドオドしていて小さくふるまいます。

先ほどの例で考えると、店員はミスをしてステイタスが本来低い立場にいるはずなのに、態度でそれを表現していません。

ふてくされたような態度、相手をバカにしたようなしぐさは、相手の権力にたてつくような「高いステイタス」のふるまいなので、状況に適さないのです。

低いステイタスであるべき人が、高いステイタスでふるまっている。ドラマチックな場面を演出するためには、このような「場に適さないふるまい」は絶好の素材となります。「オドオドしている王様」や、「えらそうにふるまうカエル」と聞いただけで、ちょっとおもしろそうな感じがしませんか？

ただし、日常生活ではあまり参考にするべきではありません。いい人間関係を築くためには、原則的には場に適したステイタスで行動する必要があります。それを誤って理解して行動してしまうと、相手を不快にさせてしまい、信頼を失ってしまうことが多いからです。

◆服装、学歴、動作の大きさに表われるステイタス

詳しくは3章以降で解説しますが、ステイタスとはどういうものか、ここで少し説明し

ましょう。

ステイタスの違いはさまざまな方法で表現することができます。バーバルやノンバーバルの隔たりなく、自分と相手を印象づけるすべての要素に関係します。

たとえば、服装だけを考えれば、「スーツ」や「ドレス」のようにフォーマルな服装は、高いステイタスです。一方、「Tシャツ」に「ジーパン」のようなカジュアルな服装は一般的に低いステイタスです。

地位や職業で考えるならば、社会的に影響力の強い「社長」や「政治家」は高く、「フリーター」や「学生」は低い。

「美人」や「ハンサム」は高く、「残念な容姿」は低い。プロポーションやスタイルのよさに比例して、ステイタスも高くなります。

学歴も同様にステイタスが関係します。高学歴、有名校、難関校は高く、低い学歴、無名校、誰でも入れるような学校は低いのです。

その他、高級な車、時計、レストランは高く、ボロボロの中古車、安い時計、汚い定食屋は低い。

ステイタスは、しぐさにも表われます。

時間と空間を大きく使ったふるまい、つまり堂々としていて、ゆっくりな動作、大きい動作は高いステイタスです。逆にオドオドしていて落ち着きがなく、速く小刻みな動作は低いのです。

人に命令したり、自信を持った言動はステイタスが高く、謝ったり相手に同調したり優柔不断な言動は低いと言えます。

外見や職業やしぐさ、その他の状況が絡み合い、「あなたの今のステイタス」というものが決まるのです。

言葉を話さないサルの社会にも、ステイタスは存在します。彼らは限られたジェスチャーによるコミュニケーションによって、お互いのステイタスを確認し、群れでのヒエラルキーをつくっていると言えます。

no.5 状況にマッチしたふるまいが信頼を生む

「高級レストラン」と聞いて、どのような場所を想像しますか？

つまり、ステイタスが高い場所です。そうなると、やはりステイタスの高いフォーマルなドレスやスーツなどが似合います。そしてあくまでもイメージですが、社会的地位の高い人が堂々と食事をするのです。

店内は広く、ゆったりとした時間が流れ、食器や内装も凝っています。そのような場所で、ボロボロのTシャツとジーパンを着た、パンク風の男女が大声で会話をしながら行儀悪く食事していたら、どう思うでしょうか？

「場違いな服装」「場違いな態度」というのは、「場のステイタスとマッチしていない」という言い方もできます。

　または、上司と若手社員が営業で取引先の会社を訪問したとします。

　上司は堂々とした姿勢で、高いステイタスでふるまうことが望まれます。そうすることで自社の商品に対する自信と信頼をアピールできるからです。一方、若手社員は少しステイタス低めに、動作は素早く小さめに、メモをとったり資料を出したり細かく動くことでパワーバランスをとります。

　上司が低いステイタスでふるまったり、若手社員なのに堂々としすぎていては、見た目にも違和感があり、信頼を得ることができません。

　人間関係で失敗しないためには、**状況で求められたステイタスを理解して、それにマッチしたふるまいをする**ことです。

◆「奇抜な演出」のヒントとなる、場違いなふるまい

　しかし、あえてそれを逆手にとることもできます。

　社運をかけた重要なプレゼンをあなたが任されたとします。社内の重役や幹部、マスメディアも出席する、いかにも高いステイタスの状況です。

着る服、話し方、資料など、しっかり準備して臨むべきです。当然その場にいる出席者も、緊張感のあるプレゼンを期待していることでしょう。

そのようなとき、あなたが突然、アニメキャラのコスプレで檀上に上がったらどうなるでしょうか。もちろん、そんなことをふざけ半分やるべきではないのですが、場違いなスタイルは、人に衝撃を与えることになります。

堅苦しいと思われがちな状況であったとしても、たとえばプレゼンする企画のコンセプトや地域にゆかりのある、ゆるキャラの着ぐるみであれば、「あり」かもしれません。または、登場のための音楽を思わずくすっと笑ってしまうような選曲にするなど、低いステイタスの要素を加えるのです。

テーマに沿った、ただし「場違いなステイタス」のふるまいは、奇抜な演出のヒントになります。そういった娯楽性を取り入れるのに適さないような状況ではNGですが、うまくいけば出席者は意表を突かれ、印象深いプレゼンにすることができます。

状況のステイタスを読んで、**あえて逆のふるまいをすることで、自己アピールに活かすことができる**のです。

◆人間関係を悪化させてしまう、2つの原因

たとえば、映画や演劇を鑑賞して、それがおもしろくないと感じたとき、原因は大きく分けて2つ考えられます。

1つは、素晴らしい脚本や演出であるにもかかわらず、役者の演技が下手だった場合。もう1つは、役者はしっかりしているけれど、脚本や演出がそもそもダメな場合です。もう1つ、役者も脚本も演出もダメな場合がありますが、これについては今回は考えないでおきましょう。

役者に問題がある場合は、別の配役にするか、役者の演技力をとことん鍛え直す必要があります。一方、脚本や演出に問題があるのであれば、どんな名優が演じてもよくならないので、構成を一から見直さなければなりません。

これはコミュニケーションのトラブル、人間関係がうまくいかない原因に置き換えて考えることもできます。

前者は私が子どもの頃に体験した「チンタラ小僧」問題にあたります。その気持ちや考え方に問題はないのですが、表現力が低いために、本当の感情が伝わらず誤解されてしま

うケースです。

後者は「ステイタス」に関係しています。表現力には問題はありませんが、もともとの考え方や、**「今の自分にとって適切な行動」を誤って理解している**ケースです。

人が周囲からの信頼を失うような行動をとってしまうのは、自分の立場を守ろうとしたり、自分が優位に立とうというエゴが働いてしまうときです。それは多くの場合、長期的な目で見たり、客観的に見ると逆効果になってしまいます。

「ステイタス」という観点で考えることで、一歩引いた、広い視野で状況を理解することができるのです。そうすることで**自分のふるまいを改善し、自己アピールできるだけでなく、不快な相手の行動をコントロールすることも可能になります**。

ステイタスはバーバル、ノンバーバルの壁を越えて、まるで空気のように存在しています。3章以降では、そのコントロール方法をご紹介していきます。

その前に、まずはその基礎となる、自分のカラダをコントロールする方法について、2章でお伝えします。

カラダで伝える技術

no. 1 カラダの動きは言葉と同じ

2章では、カラダの使い方に注目します。

「ノンバーバル・コミュニケーション」とは、しぐさを通じて「感情」や「考え」を相手に伝えることです。人はさまざまな情報を言葉に頼らずにやりとりしているのですが、いざ、それを意図的に伝えようとすると簡単ではありません。

なぜなら、**ココロで考えていることは、何でも自然にカラダの動きに表われるわけではない**からです。

最低限のコントロール能力がなければ、気持ちが誤って相手に伝わってしまったり、場にマッチしないステイタスでふるまってしまい、印象を悪くしてしまいます。

また、自分のカラダをうまくコントロールできないと、「緊張」や「焦り」など、こちらが隠そうとしていることが相手に伝わってしまうこともあります。このような**ノンバーバル（態度）での失敗を、バーバル（言葉）で挽回するのはとても難しい**ものです。

多くの人は日常の中で、話したり、表情を変えたりするとき、自分のカラダを特に意識することはありません。自分のカラダに無意識です。

普段からカラダを意識的に動かす習慣を身につけるだけで、コミュニケーションの結果は大きく変わります。

カラダは大切なコミュニケーションツールですし、ポーズやしぐさは、ステイタスをコントロールすることにも直結しています。

自分が意図したことを間違いなく相手に伝えるために、まずはカラダで何が表現できるのかを念頭に置きつつ、的確にコントロールする方法を体得していきましょう。

◆カラダはキモチや個性を映し出す

「カラダがどのような言葉を伝えているのか」を考えるとき、全身を一度に見るのではな

全身を「アタマ」「胸」「お腹」「腰」「足」「腕」に分けて考える

「アタマ」「胸」「お腹」「腰」「足」「腕」には
それぞれ得意な表現、担当する役割がある。
それらが集まって協力し合うことで「個性」や「感情」など、
複雑な表現が可能になる。

く、パーツごとに分けて分析したほうが理解しやすくなります。

そのパーツというのは、**「アタマ」「胸」「お腹」「腰」「足」「腕」**です。

それぞれの役割は次の通りです。

◆アタマ：知性、思考、見ている方向を表現する

アタマには、目や口といったコミュニケーションに直接関わる「顔」も含まれます。アタマの中には脳があります。「アタマ」という言葉自体、その人の知性や頭脳のことを指したりもしますね。ですので、アマタの動きは知性や考え、意思や興味と関係している表現を担当します。

アタマはコミュニケーションにおいてはとても重要なパーツで、小さい動き、微妙な動きでも人の印象を大きく左右します。

うなずいたり、首を横に振ることで自分の意思を表現できますし、アタマが向く方向はその人が見ている方向を表わします。アタマを背ける（目を背ける）ことは、見ること、認識することを拒絶する行為です。

◆胸：キモチの強さ、意識の向いている方向を表現する

胸には心臓があり、ココロや生命力の強さを表わします。

胸もアタマと同様に、コミュニケーションには重要なパーツで、モチベーションの高さや意識の向いている方向を表現します。

見ている方向を表わすアタマの動きとのコンビネーションによって、一見複雑な人の感情や意志表示が理解しやすくなります。

◆お腹：欲望、勤勉さを表現する

お腹は「意識を表わす胸」と「本能を表わす腰」の間にあります。そして何と言っても「胃袋」のあるパーツで、欲望の強さを表現します。

前に突き出して立つと鈍感でだらしない印象、またはナイーブな子どものような印象になりますね。

たるんだお腹と鍛えられた腹筋の比較がよく広告で使用されるのは、欲望の大きさや意

思の強さを表わしているからです。人の個性とも直結していて、お腹はその人の人柄や、人間的な強さを象徴していると言っても過言ではありません。

コンパニオンやデパートの接客係がお腹の前で手を組むしぐさは、個性を消すためのポーズだと言えます。

◆腰：本能、性的な表現、自信、キモチの安定を表現する

腰には性器があり、エネルギーの源と考えられています。性的な表現や本能的な動き、自信や強さを表現します。

腰はカラダ全体の中で最も重いパーツなので、全身で動くときにバランスをとるカギとなります。すぐれたスポーツ選手や武道家は動くときに腰が安定していますし、また、アニメーションなどの誇張表現でも、腰から動き始めると美しく見えます。

日常動作でも、腰の安定した動きは自信とココロの落ち着きを相手に印象づけます。「へっぴり腰」になってしまうと印象が悪いので、上半身は垂直に保ったまま腰を移動させることがポイントです。

◆足：無意識のキモチ、緊張、品格を表現する

足は立つときに胴体をまっすぐに保つためにバランスをとったり、歩いたり走ったりするときに活躍するだけでなく、実はコミュニケーションにも深く関わっています。つま先の角度はコミュニケーションしている範囲を何気なく表わしていて、内側に向いていると自信がなく閉鎖的な印象になります。

足は全体的に伸びているほうがきれいで賢く見えます。逆に歩くときや立つときにヒザが曲がっていると、だらしない印象になってしまいます。

人の心理状態は足によく表われます。特に、座っているときの足のポジションや動きを観察すると、緊張している様子や、一緒にいる相手に対して好意を抱いているかどうかなどを見ることができます。ぜひ、電車の中などで観察してみてください。

◆腕：言葉を強調する、ポーズに意味を持たせる

腕は言葉を強調したり、ポーズに意味を持たせるパーツです。

胸の位置で腕を組むと考えていたり怒っているような印象、腰にあてれば自信満々でヒーローのような印象、カラダの後ろで手を組むといばっている印象……など、腕のポジションによってスタイルや意味が決まります。

また、会話のときにジェスチャーをしたり、よく目につくパーツでもあるので、キレイに器用に動かすことで、スマートでインテリっぽい印象を与えることができます。

腕の関節、ひじと手首は曲げすぎたり、まっすぐ伸ばしきった状態はきれいに見えません。緊張して力んでしまったときなどは、動きが硬くなってしまうのですが、意識して余裕のあるゆるやかな曲線になるように動かせば、きれいに見えます。

一方、緊急時に非常口を示すようなときはヒジと手首は伸ばし、直線を意識すると、「重要度の高い情報」という印象になります。

また、指も、大きく広げてしまうと不器用なしぐさになってしまい、知的に見えないので閉じた状態を維持します。指の角度を少しずつずらすことで、美しい表情をつくることができます。

no. 2 カラダのパーツの効果的な使い方

「アタマ」「胸」「お腹」「腰」「足」そして「腕」には、ちょうどオーケストラを構成する楽器のように、得意な表現、担当する「役割」があります。それらが集まって協力し合い、複雑な表現を奏でているのです。

特に、私たちは普段、相手の顔を見て会話することが多いので、**顔や首、胸と肩の部分、ちょうどバストアップのエリアの状態にはとても敏感**です。

アタマの動きが特徴的だったり、アタマと上半身の角度や力の入り具合が不自然だと、すぐに相手は変化に気づいてしまいます。人の感情表現にも強く関係していて、緊張や興奮が表われやすい部分だと言えます。

緊張するとアタマや肩に力が入り、動きが硬くなったり肩が上に持ち上がります。普段から姿勢の悪さに悩んでいる人は、この部分のポーズや動きを整えると、すぐに印象を改善することができます。

◆まずはアタマと胸のポジションを安定させよう

上半身とアタマは、**横から見たときに肩がちょうど首の真横にあって、首が垂直よりほんの少し（大体5度以下の角度）前に傾いているのが理想の状態**です。その上にアタマがバランスよく乗っている形です。

正面から見たときは、アタマ、首、胴体がまっすぐ垂直であることが基本です。背中が曲がっている姿勢（猫背）を直そうとして、背骨だけをまっすぐにしても、肩が丸まっていたり、アタマを前に突き出した状態ではきれいに見えません。

この部分をきれいに見せるためには、肩甲骨を背中の中央に寄せながら下に引き寄せ、背中を広く感じながら肩を自然に開くことがポイントです。さらにアタマを胴体からできるだけ離すように首を伸ばします。

アタマと胸の「基本形のポーズ」

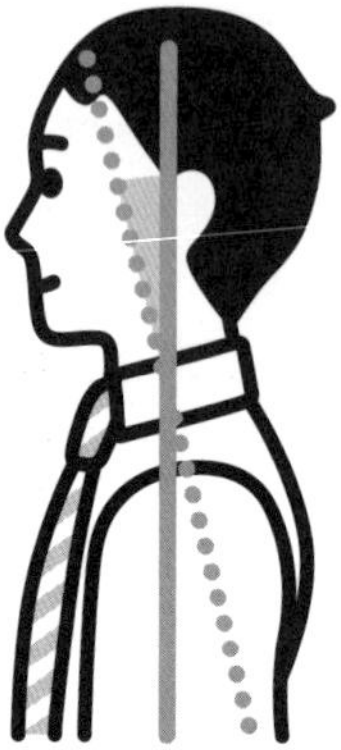

横から見たときに肩がちょうど首の真横にあって、
首がほんの少し前に傾いている状態

正面から見たときは、アタマ、首、胴体がまっすぐになっている

「首は長く、背中は広く」をイメージします。これがアタマと胸のパーツでの「基本形のポーズ」です。緊張していたり興奮しているときには、意識してこの状態をつくってみましょう。

◆話を聞いていることをアピールするポーズ

一対一で会話しているとき、面接や会議など、冷静に行儀よく相手の話を聞いていることをアピールしたいときには、**「基本形のポーズ」から少しだけアゴを引いた状態**をつくります。ややステイタスが低めで、あまり自分を前に押し出さないポーズです。

この状態が「話を聞いている」印象になるのは、ちょうどうなずいている動作をポーズで表わしている**「イエスのポジション」**だからです。

ただし、「イエスのポジション」もアゴを引きすぎてしまうと、にらむように視線が強くなってしまい、不機嫌な印象になってしまいます。

少しアゴを引いた「イエスのポジション」

基本姿勢から少しだけアゴを引いた「イエスのポジション」。
冷静に、行儀よく相手の話を聞いているしぐさになる。

胸の角度は意識が向いている方向を表わすので、話している相手に胸を向けます。特に、メモを取りながら話を聞いているときなどは、アタマ（目）は手元やノートPCを見ていても、胸は相手のほうを向くように意識します。

会話をしていないときでも、胸の動きは重要で、**胸を張ればエネルギーに満ちていてポジティブな印象になります**。そして、相手の目を見て会話に合わせてうなずいたり、積極的に顔の表情をつくります。

当たり前のようですが、相手の話を聞いているとき、考えることに集中しすぎてしまうと、どうしても無表情になってしまうものです。顔（アタマ）で細かいリアクションをするだけで、真剣に話を聞いていることが相手にも伝わります。

たとえば、セミナーやプレゼンのような状況で、熱心に聞いてくれている様子がわかると話す側は安心しますし、強く印象に残るものです。熱心な聞き手であることは、そういったちょっとしたリアクションで話し手にアピールすることができます。

さらに、**上半身を少し前に乗り出すように相手に向けると、相手の話に興奮している印**

象になります。意識の中心である胸が、相手に引き寄せられているイメージです。
このとき、猫背になったり顔だけ前に突き出さないように、胸を張った状態で腰から角度をつけて傾けましょう。相手の話がおもしろいので、つい少し興奮してしまったという印象になり、相手も話すことが楽しくなってくるはずです。

◆相手にプレッシャーを与えるポーズ

アタマが向いている方向はその人が見ている方向を表わしますが、実際に見るのは目なので、アタマが他の方向を向いていても、横目で相手を見ることはできます。

ただし、その場合は、相手に対する不信感など、「見る」以外の別の意味合いが印象に加わってしまいます。

たとえば、顔を少し横に向け視線を相手に向けるのは、頭を横にふる動作を表わす**「ノーのポジション」**です。常に相手の話を否定していようなポーズになり、発言を疑っているようなしぐさになります。

顔を横に向ける「ノーのポジション」

基本姿勢から少し顔を横に向けて、視線だけ相手に向けた「ノーのポジション」。
相手の発言を疑い、プレッシャーを与えるしぐさになる。

アゴを上げた威圧的なポーズ

「ノーのポジション」から、さらにアゴを上げた「威圧的なポーズ」。
相手を見下し、挑発的なしぐさになる。

何かを売り込もうとしている営業担当者やセールスマンに、「本当ですか？　私をだまそうとしていないですか？」といった意味合いをこめて、あえて相手に軽いプレッシャーを与えたいときには、このポーズは有効かもしれません。

また、同様に**アゴを上げてしまうとステイタスが高くなり、相手を見下した威圧的なポーズ**になってしまいますので、面接や商談ではＮＧです。

◆やさしく問いかけるしぐさ

会話するときには「相手の目を見て」などと言ったりしますが、恋愛感情や敵対心、憎悪など強い感情がない限りは、相手と視線を合わせ続けるようなことは、めったにありません。

一方が話しかけ、相手がそれに対して返答するときには、一瞬視線をそらしてから話し始める傾向があります。目をそらさないときは話の続きを聞きたいとき、そもそも相手と視線を合わせていないときは、「発言する意思がない」というしぐさになります。

アタマを傾けて、やさしく問いかけるポーズ

基本姿勢から少しアタマを横に傾けた、「問いかけるポーズ」。
やさしく問いかけたり説得するしぐさになる。

会話をするときにアタマを少し傾けたしぐさは、子どもの話を聞くときなど、相手が緊張しているときに、やさしく話を聞いている印象になります。

あるいは、相手に意見を求めつつ「そうでしょう？　違う？」と相手を説得しているようにも見えます。

ただし、あまりやりすぎてしまうと偽善的な印象になってしまいます。

no.3 ステイタスを印象づけるポーズ

姿勢やパーツの使い方、組み合わせによってポーズにもステイタスの違いが表われます。ただし、ステイタスにはいくつかのスタイルが考えられます。

高いステイタスとは、「その状況を支配する力」を持つことですが、肉体（腕力）、知力、経済力など、「力」にもいろいろな種類が考えられるからです。

ここでは**「精神的な強さ」「戦略的な強さ」「肉体的な強さ」**という3つのスタイルを考えてみたいと思います。ポーズによって印象はずいぶん違うので、人前に出るときや写真を撮るときなどに参考にしてみてください。

◆高いステイタス①「精神的に強いポーズ」

1つ目は「精神的な強さ」によって高いステイタスを示すポーズです。関節をオープンに、大きく空間を使うことで、堂々としていて自信に満ちあふれているように見えます。

上半身は胸を張って、「首を長く、背中は広く」を意識した状態です。また、つま先が外側に広がり、ヒザも伸ばします。

ポジティブで適度にリラックスしている様子は、周囲にも信頼感を与えます。人前でスピーチするときには、このような状態を意識するといいでしょう。

◆低いステイタス①「精神的に弱いポーズ」

これは「精神的な強さ」に相反する、「自信のないポーズ」です。全体的に小さい空間で、胸やアタマの関節が閉じた状態です。

カラダの力を抜いて、アタマが垂れ、背骨も曲がるので胸が下を向きます。顔の力を抜

「精神的に強いポーズ」の例

スピーチや人前に立つときなどに適している
「精神的に強いポーズ」の例。
関節を開き、大きく空間を使うことで、
自信に満ちあふれていてポジティブな印象になる。

「精神的に弱いポーズ」の例

自信がないとき、あまり目立ちたくないときに
してしまいがちな「精神的に弱いポーズ」の例。
姿勢が悪く、自分のカラダに触れているしぐさから、
不安で頼りない印象になる。

いて視線も斜め下の角度にすれば、目立たない「空気」のような存在に近づくことができます。

自分の腕やカラダを触ったり、カラダを隠そうとするしぐさからも、心細くて不安な様子が伺えます。一見、頼りなく見えますが、控えめな印象を与えたいときや、あまり目立ちたくないとき、謝罪しなければいけないときには、少しだけこのポーズを意識すると効果的です。

ただし、極端にやりすぎてしまうと、本当にキモチも不安になってしまうので注意しましょう。

◆高いステイタス②「戦略的に強いポーズ」

「戦略的に強い」とは、あえて自分の手の内を明かさないで「ミステリアス」な印象を与えるスタイルです。

空間をたくさん使って堂々としているときとはまったく違う価値観のように聞こえますが、自分の素性を隠しているほうが相手は不安に感じますし、事を有利に進めることがで

「戦略的に強いポーズ」の例

ファッションモデルやコスプレイヤーなどが参考にできる
「戦略的に強いポーズ」の例。
斜めに構えたり顔やカラダのラインを隠すことで、
ミステリアスな印象になる。

きるのです。

少し斜めを向き、意識を表わす胸や顔の一部の隠すようなクールなポーズは、エキゾチックで謎めいた印象を与えます。ファッションモデルやコスプレイヤーなどが、宣材写真で参考にできるポーズのスタイルです。

◆低いステイタス②「戦略的に弱いポーズ」

これは「ミステリアス」に相反する、やや間抜けなポーズです。

自分のことをまったく隠さないのであっけらかんとしていて、明るく能天気な印象があります。ヒジや指をまっすぐ伸ばしきって開いた状態で、足を少し開きヒザを常に曲げていると、単純で知能が低く見えてしまいます。

ナイーブで考えていることをすぐに口にしてしまうようなイメージです。女子高生がしている分にはかわいらしいのですが、ピエロのようで少し滑稽ですし、ビジネスの場ではあまり信用を得られそうにありません。

こういうクセがあると感じる人は、意識してヒジを伸ばしきらない、指を広げない、ヒ

「戦略的に弱いポーズ」の例

子どもやピエロのような、
ビジネスシーンには似つかわしくない
「戦略的に弱いポーズ」の例。
ヒジや指を伸ばし切ることで、能天気で間抜けな印象になる。

ザを曲げないなど、各パーツのポーズに注意しましょう。

◆高いステイタス③「肉体的に強いポーズ」

次は、全身を力ませて、動物的に肉体的な強さをアピールする暴力的なポーズです。アタマを上に傾けて挑発するようなしぐさ、腕を組んだり足を広げて座るといった「でかい態度」は、十分に相手を威嚇しています。

ここまで感じの悪い態度ではなくても、首のかしげ方や腕組みなど、1つのしぐさがあるだけで「でかい態度」という印象を人に与えてしまいます。特に若手社員は気をつけましょう。格闘家やラーメン店の店主などは、こういったポーズで写真に写っていたりしますね。

◆低いステイタス③「肉体的に弱いポーズ」

これは「暴力的」に相反する、「肉体的に弱い」スタイルのポーズです。

「肉体的に強いポーズ」の例

腕力の強さをアピールする
「肉体的に強いポーズ」の例。
腕を組んだり、アタマを上に傾けることで、
態度が大きい印象になる。

「肉体的に弱いポーズ」の例

驚いたときなどにしてしまいがちな
「肉体的に弱いポーズ」の例。
首やわき腹を隠すことで、臆病で弱々しい印象になる。

「精神的に弱いポーズ」とよく似ていますが、実際に攻撃されたり事故や怪我などで急所となりうる首や脇を隠し、肉体的なダメージを恐れているような意味合いが見えるポーズです。また、つま先が内側を向いているので、さらに弱い印象に見えます。

寒さを感じたり、急に驚かされたりしたときなど、身体的な恐れや不安を感じたときにこうなってしまいがちです。

このようなポーズでは写真に写りたくないですね。何をするにも成功するように見えません。自分がこうなってしまっていると気づいたら、一度首や肩の力を抜いて、姿勢やつま先の向きをオープンにして、キモチをリラックスさせましょう。

◆まずは意識的にしぐさを実践してみよう

近年、メールやSNSの普及によってコミュニケーションのスタイルが変わってしまい、対面コミュニケーションをする機会がどんどん減っています。そのことは抜きにしても、私たちが暮らす社会では、ただでさえ「感情を表に出さない」ことをよしとする傾向があります。

電車の中や路上などでは、できるだけ目立たないように、小さい動きで、顔の表情をつくらないようにふるまいます。真っ当な大人だと思われたければ、目をキラキラさせて満面の笑みで電車に乗ったり、大声で歌を歌いながら道を歩いたりしませんよね。

職場の同僚や友人たちと一緒にいるときでさえ、「感情的になる」ことは大人げないことで、冷静にふるまうことが美徳とされています。

これは私たちが成長する過程で身につけていくマナーであり、人前で恥をかかないためのテクニックなのです。その結果、人は「自由にふるまう」、または「表現する」ことより、「反応しない」「キモチを表に出さない」習慣を身につけてしまうのです。

ノンバーバル・スキル低下の原因はいろいろと考えられますが、表現しないこと、何も伝えないことで誤った印象を与えてしまうことは、もっとよくないことです。

人間関係を改善したり、しっかりと自分を相手にアピールするためには、少なからず自分の殻を打ち破るようなことが必要です。昨日までの自分と180度違うふるまいはいきなりは難しいかもしれませんが、できることから少しずつ、行動に移していきましょう。

COLUMN

表現力は理解力

自分のカラダのコントロール能力を高めることは、当然、自分の表現力を高めることにつながります。イメージ通りに、的確にカラダのパーツを動かすことで、キモチが相手に伝わりやすくなるからです。

でも、それだけではありません。興味深いことに、自分の表現力が高まることで、相手に対する理解力も高まる、ということも言えそうなのです。

人の脳にはミラーニューロンと呼ばれる神経細胞があります。これは「人がある動作をするとき」と、「他の人がその動作をする様子を見ているとき」の両方で活性化する、という性質を持った細胞です。つまりこの細胞は自分がボールを蹴るときだけでなく、誰かがボールを蹴っているのを「見ている」ときにも、同じように活性化するわけです。

このように、他人が行なう動作でも自分の脳で鏡のように映し「シミュレーション」する機能を持つということで、「ミラーニューロン」と呼ばれています。

ミラーニューロンは、相手の行動を理解したり、「共感」するうえで重要な役割をはたしていると言われています。

私たちが旅番組でレポーターが温泉に入ったり、グルメ番組でおいしそうなラーメンを食べているのを見てつい興奮してしまうのは、まさにこの神経細胞が関係しているんですね。

そしておもしろいのが、ミラーニューロンの働きは個人の運動能力によって違うらしいのです。

ロンドン大学のベアトリズ・カルヴォ・メリノ教授は、「バレリーナ」「カポエイラ（ブラジルの舞踊・格闘技）のダンサー」「ダンスの経験がない人」という3つのグループの人たちに、さまざまなダンスのビデオを見てもらう実験を行ないました。

その結果、ダンス未経験者に比べて経験者のほうが、より強く脳が反応することがわかりました。さらに、カポエイラのダンサーはカポエイラのビデオを見たときに、バレリーナはバレエのビデオを見たときにより強く反応したそうです。つまり、その人の運動習慣、スキルによって脳の反応に違いが表われることが証明されたわけです。

そうなると、自分のカラダをうまく使いこなすことができる人は、人の動きに対してもより敏感に反応できる、ということが推測されます。つまり相手の感情表現に対して理解したり共感する能力が高いと言えるのではないでしょうか。

また、社会心理学者のポーラ・ニーデンタールという人が中心になって、次のような実験を行ないました。

被験者たちを2つのグループに分けて、他人の顔の表情の変化を観察してもらうというものです。1つのグループは普通にただ観察するだけですが、もう一方のグループは口にエンピツをくわえて、顔の表情をつくりにくくしてもらったそうです。

エンピツをくわえていると、顔の筋肉を動かすのが困難にはなりますが、目は見えるので、相手の表情を観察することには支障はないはずです。

しかし結果は、エンピツをくわえているグループは、自由に顔を動かすことのできるグループと比較して、他人の顔の表情の変化をうまく読み取ることができなかったそうです。

とても興味深い結果だと思いませんか。

相手の表情を見ながらいちいち真似をしたりしませんが、顔の筋肉を自由に動かせないだけで、相手の表情の理解に違いが出るとのこと。私たちは会話をしているとき、脳の中では自動的に相手の表情を真似ていて、それによって感情などを理解しているのでしょうか。

人と会う前には顔の筋肉の体操などをして、よく動かしておくだけで、コミュニケーションが円滑になるかもしれないですね。

3章

人間関係をコントロールする「ステイタス」

no. 1 人が出会えば力関係が生まれる

この章では「ステイタス」について、詳しく説明していきます。

人が2人以上集まれば、必ず「一方が強くて、一方が弱い」というステイタスの力関係が生まれます。これは動物的な本能に近いもので、人は自分と同じ空間にいる他者に対して、警戒せずにはいられないのです。相手の服装や体格、動き方や細かいしぐさなどから、自分にとって危険な存在かそうでないかを判断しようとしてしまいます。

たまたま入ったお寿司屋さんのカウンターで、職場の会議室で、エレベーターの中で、その場に居合わせた相手に対して、ちょっとした緊張や気まずさを覚えることはないですか？

あなたと相手の間で一瞬のうちに交わされる、無言のやりとりのようなものによって、知らず知らずのうちにステイタスの上下関係は形成されることになります。

たとえ仲のいい友人同士だったとしても、同様です。お互いの個性や性格が原因かもしれないですし、その日どちらかが待ち合わせに遅刻してきた、といった一時的な理由かもしれません。

ビジネスシーンでは、そういった力関係がもっとシビアに関係してきます。

ステイタスが高ければ強い権力を持っていることになるので、たとえば会議で主導権を握ることができます。または、プレゼンやスピーチで堂々とふるまうことで、ステイタスを高めることができます。

ステイタスが高い人は、その状況をコントロールして、思いのままにできる権限を持っていることになります。ステイタスが低い人はそれに従わざるをえません。

そのように高い地位があり、重要な存在になることを多くの人は望んでいます。別の言い方をすると、人は誰でも自分のステイタスを高めたい、という欲望を持っているわけです。「野心」とか「出世欲」のようなものですね。

逆に、公の場で恥をかかされたり、失敗したり、侮辱されることでステイタスが下げられてしまうことは、誰も望んでいないでしょう。

こう言うと、**高いステイタスを維持することが一見、成功への近道のようにも思えるのですが、実はそうとも限りません**。「恥をかかない」「失敗しない」「侮辱されない」ことに固執しすぎてしまうと、結局いい結果にはならないからです。多くの人はこれが原因で人間関係に失敗してしまいます。

お金もないのに借金をして高い買い物をしている人は、単に「見栄っ張り」なだけで、あまりいい印象は持たれないですよね。

また、誤った状況で高いステイタスでふるまってしまうのも、場違いで悪い印象を周囲に与えてしまいます。若手社員が上司にえらそうな口をきいたりしたら、普通は、「常識がない」と怒られてしまいます。販売員が接客するときなども、低いステイタスに徹することが理想ですね。

人間関係で成功するためには、「ステイタス」の意味をしっかりと理解して、状況に合ったふるまいをすることが重要です。そのためには、一歩引いた、少し広い視野で状況を見極めることがポイントとなってきます。

◆状況によって変化するステイタス

ステイタスとは、位や等級の違いを表わす「格」という言葉の意味に近いかもしれません。ただし、「格」は物や人の値打ちやランクを示すもので、コロコロ変化するようなものではありません。決定的な違いは、**ステイタスは状況や相手の態度によって常に変化していて、流動的**であるところです。

たとえば、社会的な地位の高い社長や政治家でも、いつでも無条件にステイタスが高い、とは言いきれません。いくらフォーマルなスーツをきめて高級な車に乗っていたとしても、ステイタスが下げられてしまうようなときもあります。

こんな状況を思い浮かべてみてください。

学校の教室で、授業が行なわれているとします。教師が檀上に立って講義をしていて、生徒たちがおとなしく話を聞いている時点では、教師のステイタスは生徒よりも高いことになります。

しかし、教室内の2人の生徒が、勝手におしゃべりを始めたとします。すると、その瞬間に教師のステイタスは下げられてしまいます。

逆に、授業を中断させた生徒のステイタスは高くなります。つまり、その場で「より強い権力」を握っているのはその生徒たち、ということになってしまいます。

教師は、授業を続けるために、その2人を注意します。そして、2人が素直に謝っておしゃべりをやめたら、教師のステイタスは再び高くなり、元の状態に戻ります。

ところが、ここでもし、教師が注意をしても、彼らがおしゃべりをやめなかったとしたら、どうなるでしょうか？

教師が怒れば怒るほど、教師のステイタスは下がっていきます。反対におしゃべりをやめないで茶化している生徒のステイタスは、どんどん高くなっていきます。

こういう状況では、いくら態度で威厳をかもし出したとしても、それほど役立ちません。

教師と生徒という立場は変わらなくても、相手の行動、しぐさによって力関係は変化してしまうのです。

生徒の行動しだいで、教師のステイタスは変わる

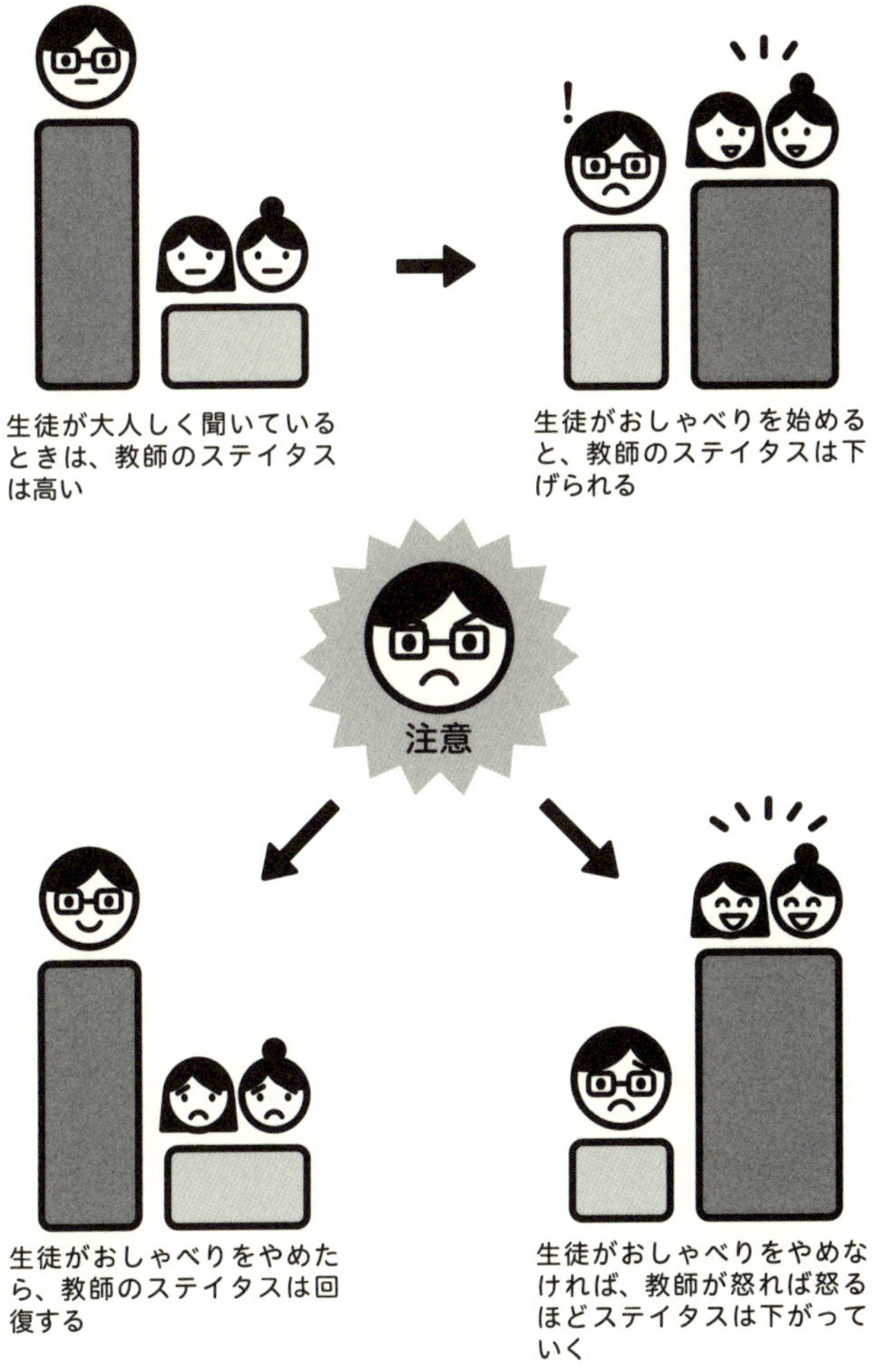
生徒が大人しく聞いているときは、教師のステイタスは高い
生徒がおしゃべりを始めると、教師のステイタスは下げられる
注意
生徒がおしゃべりをやめたら、教師のステイタスは回復する
生徒がおしゃべりをやめなければ、教師が怒れば怒るほどステイタスは下がっていく

◆一歩引いて見ることで、主導権を取り戻す

この教師の例のように、まったく自分に非がなくても、不可抗力によって自分のステイタスが下げられてしまうようなことはよくあります。

問題は、そのときの対処法です。

変にごまかしたり無視するのではなく、状況を受け入れたうえで冷静に対応することが求められます。

生徒はおしゃべりをやめないことで主導権を握りました。

それでは、教師は状況をコントロールするために、何をしなければいけないのでしょうか？

このような状況では、ついつい感情的になってしまいがちなのですが、教師がステイタスを維持するためには、冷静にふるまう必要があります。

たとえば、おしゃべりをしている生徒たちに、教室から出て行くように伝えます。それでも出て行かない場合は、彼らが出て行くか、おしゃべりをやめない限り、授業を進める

ことはできない、と他の生徒たちに伝えます。

授業を進めたい教師とそれを聞きたい生徒がいて、初めて授業は成立するわけです。その関係が成立しないのであれば、そもそも授業を行なっても意味がありません。

それをクラス全員に理解させることのほうが、「うるさい！　静かにしろ！」とどなるより、効果的なはずです。

他の生徒たちも巻き込んで、どうしたいのかを考えさせる。このように、茶化す生徒の誘いにのらないで、一歩引いて状況を見てから行動に移す方法は、主導権を取り戻すうえでとても有効です。

1つ上の次元でステイタスをうまくコントロールすることが、人の印象を決定づける重要なカギとなってきます。

no. 2 即興でドラマチックな場面を演出する方法

私がステイタスについて初めて知ったのは、パントマイムスクールでした。

授業では、主に即興演劇（インプロ）の手法として、場面を演出したり演技プランを考えるときに使われていました。

たとえばこんな感じです。

まず、恋人同士という設定で男女が舞台に上がります。そして、男性のステイタスが高く、女性は低くふるまうように指示されます。

すると、男性はクールにプレイボーイ風にふるまい、女性は男性にメロメロな様子です。

そこに別の女性が登場して、自分は男性の婚約者だと告げます。

その瞬間に男性はステイタスを低く、恋人役の女性はステイタスを高く演技するように指示が出されます。つまり、最初の男女のステイタスを逆転させるのです。

新しい女性の登場で立場が悪くなった男性は、急にオドオドし始めます。一方、女性は不機嫌になり態度が激変します。そして2人の女性が1人の男性を奪い合うようにいがみ合い出します。

緊張感が高まる中、2人の女性はオドオドしている男性にはたと気づき、「悪いのはあいつだ」ということになる。

2人の女性は一瞬顔を見合わせ、一気に男性を突き飛ばして去っていく……。

演出家は、役者に細かい動作や感情を指示するのではなく、状況とステイタスの変化のみを伝えます。すると、役者自身は「自分ならどうするか?」ということを考えて演技するので、短時間でリアリティのある場面をつくることができるのです。

◆ドラマチックな場面が生まれる法則

このシーンには、観客から笑いが起きる場面が4カ所あります。

1つ目は、冒頭。ステイタスの低い女性と、高い男性のふるまいのコントラストは、観客の笑いを誘います。2人のふるまいが違えば違うほど、おもしろく見えます。

2つ目は、新しい女性が登場し、元々いた男女のステイタスが逆転する瞬間です。2人の態度が激変する様子は滑稽に見えます。それが極端であればあるほど、観客にウケます。

3つ目は、2人の女性がいがみ合っている場面です。複数のキャラクターがお互いのステイタスを競い合っている様子は、緊張感があり見ていて飽きません。2人の感情が徐々に高ぶっていき、エスカレートしていくと、どんどんおもしろくなります。

4つ目はラストシーン。一致団結して去っていく女性と、残された男性の哀れな様子は、やはり滑稽に見えます。冒頭のステイタスのコントラストによって生じた笑いが、再び逆の形で表わされた形になります。

つまり、人がおもしろいと感じる「ドラマチックな瞬間」をステイタスで説明すると

・キャラクター同士のステイタスのレベルの高低差が大きいとき
・キャラクターのステイタスが急激に変化するとき

・複数のキャラクターがステイタスの高さを競い合うとき

という法則が見えてきます。

「ドラマチックな瞬間」というのは、見る人のココロが動かされる瞬間です。見る人にある種のショックを与えるポイントで、ストーリーによってそれが観客の「笑い」になったり、「ため息」や「涙」といったリアクションを誘うことになります。

名作とされている映画や小説にも、このステイタスの法則は生きています。

インディ・ジョーンズやジャック・バウワーのような、高いステイタスのヒーローがピンチになり、ステイタスが下げられてしまう瞬間は見ていてハラハラします。

逆に、低いステイタスだったロッキーが、努力して自らのステイタスを高めていく様子は、感動を誘います。

ステイタスの変化が大きければ大きいほど、観客が受ける感動も比例して大きくなるのです。

no.3 ステイタスの変化は身のまわりでも起きている

この「ドラマチックな瞬間」の法則は、演劇だけでなく、お茶の間をにぎわす事件や芸能ニュースでも同じです。

社会的地位や名声があり、ステイタスの高い政治家やアーチストが起こした事件や犯罪は、人々に大きなショックを与えます。

2014年のことですが、耳が聞こえない作曲家として数々の作品を発表していた佐村河内氏は、「実際は自分で作曲をしていなかった」ということが世に知れ渡り、話題になりました。それを告白したのは、「ゴーストライター」として彼の代わりに作曲をしていた新垣氏です。

繰り返し流される過去の映像の佐村河内氏は、全身黒で統一された服装、長髪にサングラスという、2章で紹介した「戦略的に強い」ステイタスのお手本のような風貌です。一方の新垣氏は、いつも緊張した面持ちの「肉体的または精神的に弱い」ステイタスのしぐさで、小さい声で記者の質問に答えていました。

2人の見た目の印象の違いは一目瞭然なのですが、告白によって2人の立場は逆転してしまいました。つまり、「キャラクター同士のステイタスの高低差が大きい状況」と「ステイタスが急激に変化する」という2つの法則が当てはまったのです。

その結果、世間をにぎわす大きな事件となったわけです。

日々のワイドショーやニュースで話題になる事件は、ステイタスで説明できることが多くあります。クリーンな人が汚職をする、清純なタレントが不倫をする、などなど、そのギャップが大きいほど人の興味を引く結果になるのです。

◆友人関係とそうでない関係

ステイタスの変化は、いつもドラマチックな結果を生み出すというわけではありません。

親しい友人関係もステイタスの変化が関係しています。

ステイタスは流動的で常に変化するものなのですが、親しい友人同士であれば、それをゲームのようにやりとりすることができます。

たとえば新しく買った時計を友だちに自慢するとします。

「この時計、かっこいいでしょ。この前見つけて、衝動買いしちゃったよ」
「へぇ、いいね。でも、お高いんじゃない？　980円くらいはした？」
「バカじゃないの！　さすがに二流の目を持つ男は違うね。見せたこっちがバカだったよ」
「失礼失礼。着けてる人が着けてる人だから、バッタ物にしか見えなくて」

一言一言は相手のステイタスを下げるような言葉なのですが、こんなジョークを交えたやりとりであれば、2人はとても親しい関係であることが想像できます。

人前で自分の自慢ばかりする人は嫌われますし、相手をけなしたり、バカにする発言も一般的には失礼にあたります。しかし、親しい友だちが相手なら、かえってお互いの絆を強めるような効果があるのです。

これを**「ステイタスのシーソーゲーム」**と言います。

初対面の人を相手にこのような会話はできないですし、取引先の社長さんが親しげに自分の持ち物を自慢してきたとしても、普通はそれをふざけてバカにしたりはできないですよね。

「友だちとは言えない相手」に対しては、元々あるステイタスの関係を壊さないように会話します。そのほうが自然で、「大人の礼儀をわきまえている」ということになるのです。

「シーソーゲーム」は信頼関係のある親しい間柄のみで許されることです。職場の同僚であろうと親戚であろうと、**それほど親しくない間柄では、ステイタスを変化させないように、固定した状態を維持するほうが、お互いにとって安心**することができます。

no.4 実践で使えるステイタス・コントロール

パントマイムスクールで「ステイタス」について勉強してから、私はそれを人間関係にも活かしてみようと考えました。ステイタスの高さを変化させることによって生まれるドラマの法則を、会話やふるまいに応用できると思ったのです。

当時学生だった私は、週に2回程度、住んでいるイギリスから日本の電器店に電話でアンケートをするアルバイトをしていました。

いわゆるテレアポのような仕事です。国際電話をして、店で扱っている商品について質問をするものでした。

ただ、電話をしても、先方にはたいてい相手にしてもらえません。

イギリスから電話していることを告げても信じてもらえず、回答してもらえるのはかけた電話のせいぜい1割程度です。9割は嘘つき呼ばわりされたり、黙って電話を切られたり、嫌なことを言われるだけで、とてもストレスのたまる仕事でした。

あるとき、私は意識して自分のステイタスを低くふるまってみることにしました。あえて相手の高いステイタスを受け入れるように会話をするのです。

電話の相手の理不尽な言葉に正面から反論しようとすると、「ステイタスを競い合う」構図になってしまいます。すると、相手はさらに自分を高めようと、私を侮辱してくるのです。

本当にイギリスから電話をしていることを証明しようと、親会社の連絡先を教えて確認してもらうように伝えるのは逆効果でした。

そこで私は、低いステイタスに徹してみることにしました。相手の言葉をできるだけ否定せず、「とにかく申し訳ない」という姿勢でふるまったのです。

「そうですよね、普通、国際電話でアンケートとかしないですよね。そう思われるのは、当然だと思います。お忙しいところ貴重な時間をすみません……」

といった具合です。

すると、変化がありました！
相手の反応が徐々に柔らかくなっていくのです。
私が自分を低く、低くふるまっていると、相手も徐々にステイタスを下げていきます。
まるで**私の態度に影響されて、同調しているようでした**。

それは、結果にも影響を与えました。回答率が途端に倍以上になり、上司や同僚たちを驚かせました。

といっても、依然としてかける電話の半分以上は、イヤな対応をされるような状況ではあります。ただ、「自分のステイタスをコントロールする」という裏のミッションを見つけたことによって、仕事に対するストレスをあまり感じなくなりました。正直なところ、それが最も大きな収穫でした。

◆信頼を得るためのテクニック

私はそのとき、**「人は相手のステイタスに『磁石』のように同調する」**ということに気づきました。

私に対する相手のきつい言葉は、自分のステイタスを守ろうとする「防衛の表現」だったのです。

私が「いや違うんです……」などと相手を否定するようなことを言ってしまうと、相手もさらに強く対抗したい気分になってしまいます。そして、それはどんどんエスカレートしていきます。

ところが、こちらが謝ったり下手に出ると、相手は「肩透かし」をくらったような感じになります。中には、調子に乗ってさらに相手を責め立てるような人もいるのですが、たいていの場合、自分だけが高いステイタスでいることに居心地が悪くなるようです。そして、自らステイタスの階段を下りてくるのです。

そうなればしめたものです！

最初は不機嫌そうでも、アンケートに答えてもらえる可能性はグンと上がります。

こちらにとっては、低いステイタスでふるまうのは「回答をもらう」ための手段でしかありません。

これがまさに、**目標を達成するための「ステイタス・コントロール」**です。

◆ステイタスの高い商品には、高いステイタスの態度で

この仕事をやめて次に就いたアルバイトは、ロンドン市内にある、日系デパート内のチケットオフィスでの仕事でした。「オペラ座の怪人」や「レ・ミゼラブル」といったミュージカルのチケットを、観光客に販売するものです。

このときもステイタスを意識して接客したのですが、それまでとは違うふるまい方をすることにしました。

扱うチケットは平均でも数千円以上、時期によってはプレミアムがつく、とても高価な商品です。また、「ミュージカル」は、オペラやクラシックコンサートと同様に、フォーマルな服装で観劇するステイタスの高い娯楽です。

ですから私は、少しだけステイタスを高めに接客するように努めました。

襟つきのシャツを着て、あまり感情を表に出さず、「イエスのポジション」を意識して、

会社が受け取るマージンに関することや劇場への行き方など、冷静に説明するようにしました。

すると、「日本語が通じて、安心していいチケットが購入できるお店」ということで、日本人観光客の間に口コミで広まるようになったのです。

ステイタスの高い商品には、高いステイタスの態度で。

そう心がけることで、「観光客相手にお金をぼったくっているのかもしれない」というお客様の不安を、取り除くことができたのだと思います。

即興劇の演出法である「ステイタス」ですが、日常生活でうまく使えば自分をアピールしたり、信頼関係を強めることができます。また、不必要なトラブルを避け、人間関係のストレスを軽減させることもできるのです。

次章では、いよいよ自分のふるまいによって、ステイタスをコントロールする方法について、ご紹介していきます。

COLUMN

ステイタスで変わる所有できる「時間」と「空間」の大きさ

セミナーでステイタスを紹介して、受講者の皆さんに体験してもらうとき、まず自分の所有できる時間と空間の大きさを変えることからやってもらいます。カラダの動き方の違いは一目瞭然ですし、演じたときに実感しやすいからです。

そして、8段階でレベルの違いを見せます。これは私自身が先生から習ったやり方です。ステイタスには完全な中間のレベル、つまり「ニュートラル」はありません。ですから、8段階だと「レベル4」であれば「少し低いステイタス」、「レベル5」なら「少し高いステイタス」となり、「ちょうど真ん中」ができないので、その点でも都合がいいのです。

小さい時間と空間しか所有できずにふるまうと、ステイタスは低い印象になります。自分に十分な時間がないと、せっかちになり早口で話してしまいます。そして、焦るので、言葉に詰まって「えーと、えーと、あの…」と的を射ないことを言ったり、同じことを何度も繰り返して話してしまったりします。

小さい空間しか所有できていないので、姿勢も悪くなり、安心できず落ち着かないしぐさでちょこちょこと動き回り、手でカラダや髪の毛を触ったりしてしまいます。

その状態から、少しずつ時間と空間の大きさを変えていきます。

「えーと、あの……」の頻度を減らし、ちょこまかした動きを減らしていき、姿勢もよくしていきます。「レベル4」くらいの高さであれば、それほど焦っている印象はなく、少し緊張して力んで見える程度のふるまいです。

その力みもなく、言葉に詰まらずに普通に話すことができるのが、「レベル5」です。

さらに空間と時間を大きくしていくと、どんどんレベルが上がっていきます。話し方がゆっくりになり、態度が大きくなっていきます。「レベル7」や「レベル8」になると、ソファに深く腰かけ、足を投げ出したりして完全なリラックスモードです。

このレベルの違いを、簡単な場面を演じながら体験してもらいます。

たとえば、次のような台本があったとします。取引先の会社を訪問しているAさんを、Bさんが接客する場面です。

A：（座って待つ）

B：（入室）「お待たせしていて、すみません。お茶のおかわりはいかがですか？」

A：「いえ、結構です」

Aさんは会議室に通されてお茶を出され、1人で待っています。そこへBさんが登場し、お茶のおかわりをすすめますが、Aさんはそれを断る、という内容です。

これを、Aさんは「レベル3」、Bさんは「レベル7」のステイタスで演じたとします。まず、ステイタスの低いAさんは、そわそわして落ち着かない様子でイスに座って待っています。するとBさんは、いかにもデキる秘書という感じの風貌、ムダのない動きで登場し、「お待たせしていて、すみません。お茶のおかわりはいかがですか？」と言います。それに対しAさんは、大きくかぶりをふりながら「いえ、結構です！」と答えます。

この様子だと、大会社を訪問して緊張しているAさんが、お茶のおかわりをすすめられて恐縮しているような印象の場面になります。Aさんは、自社製品を営業しようと相手方の社長さんを待っているのか、何か謝罪のためにその会社を訪れているのかもしれません。

次に、それぞれのレベルを逆にして演じてみます。Aさんが「レベル7」、Bさんが「レベル3」です。すると、高いステイタスのAさんが腕を組んで堂々としたポーズで座っています。そこへBさんはオドオドしながら部屋に入ってきて、申し訳なさそうに「お待たせしていて、すみません。お茶のおかわりはいかがですか？」と言います。それに対してAさんははっきりした口調で「いえ、結構です」と答えます。

この組み合わせだと、訪問しているAさんがとても不機嫌になっている印象になるわけです。何か相手に抗議するつもりでその会社に訪問していて、担当者がなかなか現われないような状況でしょうか。

台本が同じでも、演じ方やしぐさを変えることで場面の意味を変えることができます。このようにして、ドラマの演出に活かすわけですね。

時間と空間の大きさを意識した演じ分けは、とても簡単で効果的なので、私も普段から意識するようにしています。たとえば、私は人前でお話しするときなど、緊張を抑えたいときには、全身の力を抜きながら、「今いる場所とこの時間は自分のものだ！」と考えるのです。「レベル5」くらいがちょうどいいレベルですね。自分の暗示にうまくかかることができれば、自然と落ち着いてふるまうことができますよ。

4章

さまざまな場面で使えるステイタス・コントロールの技術

no.1 ステイタス・コントロール 6つのテクニック

即興劇の演出やアルバイトなどでの経験を踏まえて、ステイタスを日常生活で活かすテクニックを考えてみると、次の６つが挙げられます。

①ステイタスを上げて、信頼を勝ち取るテクニック

②ステイタスを下げて、「気がきく人」をアピールするテクニック

③ステイタスを大きく変化させて、インパクトを与えるテクニック

④ステイタスのシーソーゲームで、相手のふところに入るテクニック

⑤ステイタスの磁石の効果で、トラブルを回避するテクニック

⑥ステイタスを競い合って、相手の興味を引き寄せるテクニック

一緒にいる相手や状況によって、求められるふるまいは異なります。責任感を示すために堂々と高いステイタスが求められるときもあれば、低い状態で、相手に親しみを抱いてもらいたいときもあります。

また、「打ち解けて話したい」という同じ目的であっても、相手が変わればアプローチの仕方は違うはずです。

さまざまなシチュエーションに応じた理想のステイタスのレベルと、それを変化・コントロールするための具体的なしぐさや方法を、それぞれ詳しく見ていきましょう。

〈ステイタス・コントロール6つのテクニック①〉

no. 2 ステイタスを上げて、信頼を勝ち取るテクニック

リーダーシップを発揮しなければいけないときや、交渉などで主導権を握りたいときなどは、高いステイタスでふるまったほうが相手からの信頼を得ることができます。

また、格式の高い儀式や式典に出席するときも、高いステイタスを意識したほうが場に適していると言えます。

【ステイタスが高くなるアクション】

ステイタスを高くするしぐさや行動には、次のようなものがあります。

- **ゆっくり、重たい動きをする**
- **大きい空間を使ってふるまう**

・低い声でしゃべる
・ムダな動きをしない
・リアクションを1テンポ遅らせる

「ステイタスが高い」ということは、「たくさんの時間と空間を所有している」ということです。いる場所やふるまうことのできる時間が自分のものなので、大きく場所を使ってゆっくり、自分のペースで話したりふるまうことができるのです。

重い動き、力強い動きなど、より大きなエネルギーを使った動作も同様です。しかし、あくまで行動のみに注目した場合で、そうふるまったところで必ず自分のステイタスを高くすることができるとは限りません。服装や会話など、状況しだいで変わってしまうからです。

【高いステイタスを活かすシチュエーション】

（1）商談

ビジネスシーンでは、基本的にはいつでも高いステイタスが好まれます。会社間で契約を結ぶとき、自分が相手の会社に商品やサービスを売る立場、仕事をもらう立場にあったとしても、**ある程度高いステイタスでふるまったほうが、相手の信頼を得ることができます**。そうすることで、自社の商品に対する自信と真剣さを相手にアピールすることになるからです。

ビジネスシーンでは、相手の目を見て、はっきり、ゆっくりした口調で話します。ムダに笑わずに、質問に対しては1テンポ置いてから答えましょう。また、胸を張って窮屈な印象を与えないように大きく動くように心がけてみてください。

逆に、相手に媚びたり、自分のポジションを低く見せるようなしぐさは、うさんくさくなり、相手を不快にしてしまったり不信感を与えてしまいます。

仕事上で契約を結ぶときは、どちらがクライアントだったとしても、プロ対プロのやり取りです。自分も相手に見合うだけの立場であることを示すことが、取引先との信頼関係を結ぶうえで重要となってくるわけです。堂々と空間と時間を使って、落ち着いてふるまうように心がけましょう。

接客業や販売員のような仕事では、扱う商品（やサービス）のステイタスに合わせて自分のふるまいを調節します。地元のスーパーやバーゲン会場では親近感のある低いステイタスが適切で、車や住宅など高価な商品を販売するのであれば、高いステイタスの服装やしぐさが求められます。

(2) 謝罪

自分がミスしてしまい、相手に謝罪しなければいけないようなときは、自分のステイタスは低い状況ではあります。ただし、低すぎる態度はよくありません。

黒のスーツなどフォーマルすぎる服装は適切ではありませんが、ふるまい方はしっかりと、堂々としていなければ、かえって相手に対して失礼にあたります（一般的に、謝罪するときは、グレーのスーツがいいとされているようです）。

そして、はっきりとした口調で、ムダな動きをしないで謝罪します。「ゆっくり重たい動き」「低い声でしゃべる」「リアクションを1テンポ遅らせる」といったふるまいは、事態を重く受け止めていて、深く反省しているという印象を与えるしぐさになります。

よくテレビで観る、報道陣を前に幹部たちがそろって頭を下げるような「儀式的」なふるまいも、ステイタスを高めるしぐさです。ただし、タイミングがずれたり、動作が異なってしまうとステイタスが下がってしまい、「しっかり反省していない」とか「誠意がない」といった印象になってしまいます。

ごくまれに不祥事や事故の当事者が、土下座している姿を見ることもありますが、私は違和感を覚えてしまいます。土下座は究極的に低いステイタスの行動で、「反省して相手に誠意を見せている」というより、罰として辱められているとしか見えないのです。

ある意味、契約を結ぶようなときと似ていて、謝罪するときであっても、お互いに対する最低限の「リスペクト」や、大人の「冷静さ」が求められるのだろうと思います。

(3) 足を隠す服装はステイタスを高める

就職面談やオーデションの現場では、面接官が書類などを並べて長テーブルに座り、対面にポツンと置かれたイスに受験者が座ります。このとき、テーブルが面接官たちの下半身を隠すことで、面接官の威厳とステイタスが強調されます。

特にテーブルの下の足は、面接官本人からは見えませんが、対面に座っている受験者からは見えています。これは面接官のノートが受験者に覗かれているような状況で、パワーバランス的によくありません。面接官は自分のステイタスを保ちつつ、受験者と距離を置いて事を進めたいわけです。

報道番組のニュースキャスターも、番組によっては足が見えるようなテーブルに座っていることがあります。そういうとき私は、どうもテーブルの下から見える足の動きに目がいってしまいます。キャスターやコメンテーターが緊張していたり、退屈している様子が足の動きに表れてしまうので、気になってしかたがないのです。

服装を考えても、**足はなるべく見せないほうが、ステイタスは高くなる**傾向があります。司祭や法廷の裁判官の服装は、足の下まである長いローブ風のものが多く、カラダのラインがよく見えません。女性の和服も足が見えないですし、能楽師や神主が着る袴も足のラインが見えないくらいに太いものです。

それから、80年代頃に流行ったツッパリファッションも、男子は太いズボンをはき、女子は長いスカートを着ていました。当時のあのスタイルを考えると、男女ともに自分を大きく見せようとしていた、という印象があります。

ステイタスの高い服装としては、カラダや足のラインをあまり見せない、というのが1つのルールなのかもしれません。

〈ステイタス・コントロール6つのテクニック②〉

no. 3 ステイタスを下げて、「気がきく人」をアピールするテクニック

立場的に低いポジションで相手をサポートしたり、相手の気分を損ねないように行動するときには、低いステイタスでふるまいます。

カジュアルな状況やフレンドリーに人と接したいときにも同様で、親しみやすい印象、「よく気がきく人」という印象を与えることができます。

【ステイタスが低くなるアクション】

ステイタスが低くなるしぐさや行動には、次のようなものがあります。

・素早く、軽い動きをする

・小さい空間を使ってふるまう

・高い声でしゃべる
・自分の過去やプライベートのことについて話す
・すぐにリアクションし、行動に移す

ステイタスが高くなる行動と逆のことをすれば、おのずとステイタスは低くなるわけです。つまり、限られた空間にいるような小さいセカセカした動きで、あわただしく早口でしゃべります。

細かく軽い動作、力が入らない弱いエネルギーの動作も同様です。優柔不断な態度、ポーズや手の位置が定まらずに、モゴモゴとわかりづらい小さい声で話すことも低いステイタスのしぐさです。

ステイタスが下がってしまっても、いつでも状況が悪化してしまうとは限りません。会議中にコピーが必要になった、イスがもう1脚必要になった、誰かを呼びに行く、となったときに、先に行動に移すことでその人のステイタスは少し下がります。しかし、その行動によって「気がきく人」という印象を与えることができ、結果的に信頼が得られることになるのです。

【低いステイタスを活かすシチュエーション】

（1）上司やクライアントとの会食

若手社員が上司やクライアントとの会食などに出席するときには、低いステイタスのふるまいが求められます。特に、「素早く行動する」「小さい空間を使ってふるまう」「高い声でしゃべる」といったことを意識すれば、相手に対してへりくだっている印象になります。

食事をしているときに若手社員が店員を呼び止めたり、注文をするのは一般的なマナーですが、できるだけそうしやすい席を選んで座ることも大事ですね。動きがとりづらい奥の席に座るではなく、店員を呼ぶのに便利な端の席を選びます。

また、背もたれを使って空間を大きく所有することはせずに、姿勢を正して足は広げないように座ります。そして、話されている話題に対して、常に興味を示してリアクションします。

相手が自分の話に夢中になっているのを見て、イヤだと感じる人はいません。相手の機嫌をとりたいときには、言葉で「おもしろいですね～」などと連発するより、しぐさで相手に伝えたほうが効果的です。話している内容の意図を汲み取り、笑ったり驚いたり、大きく態度に出して反応しましょう。

また、話題が途切れてしまいそうなときには、自ら何か話し始める勇気も必要です。しかし、自分が話題の中心になったり、自分ばかりが話しているような状況はＮＧです。

相手の仕事や趣味のことなど、「相手が詳しくて、自分があまり知らないこと」を探して話を聞き出します。そういったトピックはこちらからの質問もしやすく、相手も話したいと考えていることである確率が高いからです。「場が盛り下がっている」と感じたときに何かしなければいけないのは、あくまでもステイタスが低い人の役目です。

(2) 面接を受けるとき

ぽつんと置かれたイスに座らされた面接の受験者は、丸腰で戦場にいるようなものです。逃げも隠れもできない状況なのですが、逆に自分をアピールするいいチャンスです。このようなときは、積極的で謙虚な姿勢の「低いステイタス」で臨みます。

ただし、上司たちとの会食と比較すると、ややステイタスは高めにふるまいます。少しだけ大きく空間を使ったしぐさで、自信のある態度をアピールしたいからです。

足がだらしなくならないように、足の裏をしっかりと地面につけて、男性であれば、こぶし２つ分程度のスペースを両足の間につくります。女性であれば、膝をつけた状態で、必要であれば足を少し斜めに傾けて座ります。

また、「背中は広く、首は長く」を意識して、話している相手（面接官）に対して胸を向けて話を聞きます。面接官が複数いるときには、話している相手に常に胸を向けるように意識しましょう。

歩く姿勢がきれいな人は、座った姿勢も長くいい状態を維持できる、という調査結果があるそうです。普段から美しい姿勢での生活を心がけるに越したことはないですね。

聞かれたことに対しては、まずはすぐに「はい」か「いいえ」と答えてから、その理由などをわかりやすく話します。すぐにリアクションして、声を張り、ハキハキと受け答えするように心がけます。また、ジェスチャーを使うのも効果的です。

「えーと」とか「あのー……」といった迷う言葉や、自分のカラダを触るようなムダな動きもステイタスが低いしぐさですが、自信がないように見えてしまうので、面接ではNGです。

そして、ガチガチに力みすぎないように、適度の緊張感を維持することを心がけます。

面接を受ける側がリラックスしすぎているのは当然よくありませんが、理想は、話していること、面接を受けていることを楽しんでいるようにふるまうことです。「楽しんでいる」

感情は相手に伝染するので、ポジティブな印象を与えることができます。

(3) 家庭の中で

男女によって、感じたり、意識するステイタスのポイントは異なります。

ビジネスの現場はまだまだ男性中心にまわっている部分が多いと思います。そんな中で女性が活躍するためには、男性とは違った形でふるまいを意識しなければならないこともあるようです。

私がセミナーの受講者の方に伺った印象的な話をご紹介したいと思います。

その方は50代の女性ですが、若い頃、祖母に、「女の子はお嫁に行ったら、その家で一番下に身を置くのですよ」と言われたそうです。「女が高いところから何を言っても、何をしてもなかなかうまくいかないものなの。自分を一番に下に置いたら、いろいろなことが見えてくるもんだよ。会社だって同じだよ！」とのこと。

言われた当時はその言葉の意味がわからなかったそうです。でも、これはまさに「ステイタス」に関してのアドバイスだったということに、セミナーを受けていて気づいたそうです。

家庭内や会社では、ステイタスが低い人ほど何が起きているのか把握している、ということがあるのかもしれません。

他の社員が気にしないような細部に重要な意味があったり、面倒な仕事を引き受けることで、見えてくるものが確かにあるはずです。事務をする女性社員が、誰よりもその部署や社員のことについて把握している、ということはよくありますね。

ただし、その方が言うには、日本の企業ではその態度は成り立つけれども、外資系の企業では成り立たなかったそうです。転職して外資系の企業に勤め始めると、女性であっても高いステイタスのふるまいが求められたとのことでした。

国や企業、職種によって、そういった文化の違いは確かにあります。どこでも信頼を得るためには、適切なステイタスを読み、行動をコントロールすることが大切なんだと思います。

no. 4

〈ステイタス・コントロール6つのテクニック③〉

ステイタスを大きく変化させて、インパクトを与えるテクニック

ドラマチックな状況を演出するのは、楽しいものです。プレゼンやスピーチを盛り上げたり、日常の会話など、ステイタスの変化を意識することで、人を驚かせたりインパクトを与えることができます。人を楽しませたいとき、自己アピールをしたいときなどに知っていて損はないテクニックです。

【ステイタスが変化するアクション】

ステイタスが変化するしぐさや行動には、次のようなものがあります。

- **声の大きさを変える**
- **場違いな服装をする**

・場違いな話題を話す
・いい知らせを伝えるのに、暗い真面目な声で話し始める
・注意するときに、にこやかな顔で話し始める

これまで紹介したステイタスのレベルに応じた態度を、いろいろと変化させることで、ドラマチックな効果を生み出すことができます。

フォーマルな式典や友人たちが集まるカジュアルなパーティなど、明らかに場の雰囲気が決まっているときに、それに似合わない場違いな態度をとることで、あっと目を引く演出になります。その差が大きければ大きいほど、インパクトは大きくなります。

ただし、あくまでもそういったエンターテイメント的な演出が求められているような状況で、その場のテーマや主旨に合った内容であることがポイントです。必要以上に特定の誰かを傷つけたり、下品すぎる内容であっては、場をしらけさせたりして逆効果にもなりかねません。

場を盛り上げるために何かするのは勇気がいりますが、常に「失敗して大スベリ」というリスクと隣り合わせに、ドラマチックな効果や成功するチャンスがあるのも確かです。

ステイタスの変化に注目することで、気のきいた、相手が予想していなかったと感じるアイデアのヒントを得ることができるはずです。

【ステイタスの変化を活かすシチュエーション】

（1）プレゼン

プレゼンやスピーチなど、人前で話すような機会に、「場馴れしている」という印象を与えたいときには、ステイタスを変化させる方法はとても効果的です。気のきいた冗談を考えるより簡単で、確実に成果を上げることができると思います。

天才的カリスマと言われたスティーブ・ジョブズは、アップル社の新製品を発表するとき、いつも決まった「黒いタートルネックとブルージーンズ」という服装で檀上に上がりました。彼がその服装にこだわりがあったことは後に書籍などで紹介されていますが、ステイタス的に見ても、あのカジュアルな服装での登壇は、プレゼンをドラマチックにする効果がありました。

彼のプレゼンは気張らない雰囲気で始まります。そして、全身リラックスした様子でステージを歩き回ります。一見低いステイタスのしぐさをすることで、親近感を抱かせ、話に引き込むのです。すると、商品の革新的な要素が強調され、聞く人に強いインパクトを与えるプレゼンとなります。

ジョブズがそれを意識していたかどうかは不明ですが、プレゼンの内容に自信があれば、あえて場違いな服装で登場することで、効果的に見せることができるのです。

ただし、日本の一般的な企業で、あなたがいくら素晴らしい商品をプレゼンするとしても、あまり場違いな服装で登場するのは相当の勇気がいりますよね。

必要なのは、かたいフォーマルな空気を壊す、ほんの少しステイタスを下げるきっかけとなる「何か」です。

たとえば、格式ばったフォーマルな場で、**「その場で思いついたようなこと」**を話すことで、少しだけステイタスを下げることができます。これはアドリブで何かを話すわけではなく、「いかにもその場で考えた」という印象を与える内容を、登壇する前に用意しておくのです。

たとえばこんな感じです。

「今日、横浜駅を降りて、こちらに向かっているときに、学生時代に通った喫茶店の前を通りかかったんですよ。10数年ぶりで本当に懐かしかったです。帰りに寄ってみようと思います。駅を右手に出たところにある昭和っぽい喫茶店、ご存じですか？

さて、それはさておき、本日お話しさせていただくのは……」

「こちらのオフィスは高層ビルの20階ということで、気持ちがいいですね。エレベーターからも外の景色が見えて、うちの長男が喜びそうです。

さて、本日はパワーポイントの素材もご用意してあるのですが、明るいお部屋ですし、お手元のプリントアウトと、必要に応じてこちらのホワイトボードを使ってご説明をさせていただこうと思います……」

このように、自分のバックグラウンド（自分の学生時代のこと）や、プライベート（家族の話題）について話すことも、ステイタスを下げる効果があります。

そういった話題を冒頭などに加えるだけで、ちょっとしたアクセントになり、「場馴れしてる感」をかもし出すことができます。

（2）ツンデレの法則

数年前ですが、若い女性がメイドさんなどの格好をしてもてなしくれる、「ツンデレカフェ」というものが話題になりました。

私は残念ながら行ったことはありませんが、つっけんどんな態度をしている店員さんが客の帰り際などに、たまに甘えたことを言う、というスタイルの接客をしてくれるお店のようです。

「ツンツン」だけでも「デレデレ」だけでもない、その2つを組み合せたところに、考えた人はセンスがあるな、と思ってしまいます。そういったステイタスの変化がドラマチックな効果を生むからです。

日常でも、いい知らせを伝えるのにあえて真剣な、重々しい顔で話し始めると、ドラマチックな効果を生みます。サプライズパーティの前に、あえて冷たい態度をとるのと似ていますね。

また怒っているのに敬語を使ったり、笑顔で話されると、内に秘めた怒りの感情が強調されて、恐怖感をあおるのも同様だと言えます。

(3) お客様をいじるアトラクション

最近、ディズニーランドやディズニーシーのアトラクションで、お客様を「いじる」種類のものがあります。もちろん、お客様を不快にしないような配慮はなされていますが、進行役のキャラクターが誰か特定の人を少しだけからかったりするのです。

客席内にカメラがあり、その場にいるお客様がモニターに映ります。最初、キャラクターは全員に対してアトラクションの世界観を語りかけるのですが、途中から観客の中からその回の「主役」となるお客様を決め、話しかけてきます。

名前を聞いてそれを連呼したり、口調を真似たり、服装やメガネについてちょっとからかったりします。いじられている本人も含め、その場にいる他のお客様も大盛り上がりです。

誰もが楽しめる、皆にやさしいイメージのディズニーランドで、お客様のステイタスを少しだけ下げるようなスタイルは斬新で、とても効果的な演出となっています。

これもステイタスを変化させてインパクトを与えている、いい例です。

no. 5 〈ステイタス・コントロール6つのテクニック④〉
ステイタスのシーソーゲームで、相手のふところに入るテクニック

ステイタスのシーソーゲームは、友人同士のみでできる会話のやりとりです。

しかし、人付き合いのうまい人は、これをそれほど親しくない人や目上の相手に対して行なうことで、すぐに仲良くなったり気に入られたりします。あなたの周りにも、そういった人はいませんか?

親しくない人に対してしかけるシーソーゲームは、相手のふところにすっと潜り込むテクニックです。ただし、うまくやらないと相手を不快にして逆効果なので、要注意です。

ちなみに、関東と関西を比較すると、断然、関西人のほうがこういった会話に長けているように思います。また、個人的な感覚なのですが、アメリカやオーストラリアといった比較的歴史の浅い国の人たちも得意なようです。一方、イギリスや日本のように歴史の古

い島国の人は、それほどでもありません。

ステイタスのシーソーゲームをしかけるためのしぐさや行動には、次のようなものがあります。

【ステイタスのシーソーゲームとなるアクション】

- **親しくない相手に対して、自分のステイタスを下げるような会話をする**
- **親しくない相手に対して、相手のステイタスを下げるような会話をする**
- **ステイタスが高い相手に対して、相手のステイタスを下げるような会話をする**
- **ステイタスが高い相手に対して、自分のステイタスを上げるような会話をする**
- **ステイタスが低い相手に対して、自分のステイタスを下げるような会話をする**

相手のココロを開くために、カウンセリングなどで使われる手法としては、相手のしぐさを真似る「ミラーリング」というテクニックが知られています。人は自分と似たしぐさの相手に対して、親近感を抱くのだそうです。

普段、親しくない相手とは、通常はお互いのステイタスを上下させるような行動や会話はしません。そんなとき、自分のステイタスを下げるような発言をするのは、特に失礼なことではなく、逆に**「自分はココロを開いている」ということを相手にアピールする**ことができます。それに対する相手の反応を見て、さらに一歩先に進むかどうかを考えます。

初対面の親しくない人ではなく、上司やクライアント、取引先の社長さんなど、明らかに上のポジションの人が相手のときは、より慎重に進める必要があります。自信がなければ、まずは人づきあいがうまい人の言動を観察するところから始めてみましょう。シーソーゲームをしかけるタイミングが早すぎると、悪い印象を与えてしまい、取り返しのつかないことになりかねませんから！

【ステイタスのシーソーゲームを活かすシチュエーション】

(1) 親しくない相手と仲良くなる

親しくない相手と仲良くなるためには、ケースバイケースでさまざまな方法があると思います。お互いのことをよく知るために、まずは出身地や趣味について話したり、質問したりといったことが一般的かもしれません。

そういった会話をしながら、シーソーゲームをしかけるのは効果的です。相手がどの程度あなたと親しくなりたいのか、探りを入れながら会話を進めるのです。

まずは「かみさんに叱られちゃって……」とか、「お金がすっからかんで……」「昨日飲みすぎちゃって……」といった、自らのステイタスを少し下げる話題を盛り込みます。それに対して相手が笑ったり、興味を示したら、その「軽い自虐ネタ」を少し広げてみます。そのうちに、相手もそれに乗っかって同様の「軽い自虐ネタ」を話してくるかもしれません。「いや、我が家だってひどいものですよ……」「そうそう。私もほんとに困ってしまっています……」「ついつい私も飲みすぎちゃいますよ……」といった具合です。

これは相手もあなたと親しくなりたいというしぐさなので、チャンスを逃さず、その会話を広げます。もし、大丈夫だと思ったら、相手の自虐ネタに対して「仕方ないですね～」「最悪ですね～」など、相手のステイタスを下げるような突っ込みを入れてみます。

それを相手が受け入れ、笑ったり、言葉のキャッチボールができたら、簡易的なシーソーゲームが成立します。相手と信頼関係を築くことができた、と言ってもいいわけです。

ただし、相手の出方を見ながら、段階を経て事を進める必要があります。いきなり相手の態度に突っ込みを入れたり、相手のプライバシーに関わることを質問したりすると、単に「なれなれしい失礼なヤツ」と思われてしまいます。

（2）上司やクライアントに気に入られる

上司やクライアントなど、もともとステイタスが高い相手と友だちのように親しくなりたいときも、基本的には同じような手順で、慎重に会話を進めます。

まずは自分のステイタスを下げるような会話から。でも、そもそも相手のステイタスのほうが高いわけですから、それほど変わり映えのない普通の会話にはなります。

具体的には、相手の様子を見ながら、相手のステイタスを下げるような話題を盛り込んでいきます。相手を批判したり、茶化したり、バカにするような会話は、相手のステイタスを下げる効果があります。これを目上の相手にするのは当然、失礼にあたるのですが、話題によっては相手がイヤな気分にならないものがあるのです。

たとえば、お酒の話題です。「お酒強いですね」という言い方から、「飲んべえ」とか「いつもお酒ばかり飲んでる」といった具合に、徐々に言い方を変えていきます。少しずつ失礼な言い方を試してみて、相手が喜んでいるのかどうか、見極めるのです。

徐々にエスカレートして、「しょうがないオヤジですね、まったく」などと言えるようになったら、シーソーゲーム成立です。

その他、「昔はブイブイ言わせていた」系の話題や、異性の話題（下ネタ）、「奥さんやお子さんの前では弱い」といった話題もありです。

相手の話の好みもあるので、何が適切かは状況を見て判断します。**一見、けなしているようで、相手にとって「実はちょっとした自慢」となる話題**を探すのです。

少しずつシーソーゲームをしかけてみて、相手が不快にならず、誘いに乗ってくるようならエスカレートさせます。相手が笑いながら「失礼なヤツだな、お前は！」などと言ってきたら、ハートをがっちりつかんだ証拠ですね。くれぐれも焦らないようにしてください。特に反応がないのであれば、冒険しないほうが無難です。

（3）部下たちと連帯感を強める

逆に、自分よりもステイタスの低い若手社員たちとの間に「壁」があり、人間関係がうまくいかない、ということもあるでしょう。

相手はあなたに気を使っているのかもしれませんが、親しく会話できたほうが連帯感が強まり、仕事の生産性も高まるので、シーソーゲームを試してみてはいかがでしょうか。

上司として常に高いステイタスの状態を維持したい、と考える方もいると思いますが、あまりにも威圧的で相手が萎縮してしまうようなら、いい関係とは言えません。「締めるところは締める」ということさえ守られていれば、シーソーゲームによって上司と部下の関係は崩れることはなく、むしろ強い信頼関係を結ぶきっかけとなります。

まずは、自分のプライベートなことを話題にします。ペットや趣味のことなどです。自分の普段の生活を明かすことが目的なので、自慢話にならないように注意しましょう。

さらに、相手の学生時代の活動について聞いてみたり、過去の経験について話題にしてみます。ただし、これもプライベートなことを詮索している感じにならないようにします。内容によって感心したり褒めたりすることで、「自分が高くて相手が低い」という形で固定しているお互いのステイタスに、揺さぶりをかけるのです。

さらに、仕事を頼むときでも、「申し訳ないんだけど……」「この間は助かったよ」など と伝えてみましょう。親しくなったら、あえて「ごめーん」「さすが、〇〇くん」といった、くだけた言い方をします。相手が緊張していると感じたら、高いポジションにいるあなたからステイタスを下げるアプローチをすることが、関係改善のカギとなります。

シーソーゲームをすることができるようになれば、おのずと信頼関係が生まれ、仕事に対するモチベーションも高まる結果となるはずです。

〈ステイタス・コントロール６つのテクニック⑤〉

no.6 ステイタスの磁石の効果で、トラブルを回避するテクニック

「売り言葉に買い言葉」という言葉があるように、相手を挑発するとトラブルに発展してしまうようなことはよくあります。

最初は怒っているのは一方だけだったとしても、カチンとすることを言われてしまうと、つい言い返したくなってしまうものです。それによって問題が解決することはなく、結局、両方とも感情的になって、どんどん対立していってしまいます。

これは**「ステイタスの磁石の効果」で、威圧的な「高いステイタス」の態度が伝染してしまうケース**です。トラブルを回避するためには、どちらかが「低いステイタス」でふるまい、下の方向に引き寄せるのです。

【ステイタスの磁石の効果を生み出すアクション】

ステイタスの磁石の効果を生み出すしぐさ、つまり、感情的になっている相手のステイタスを引き下げたいときに役立つ行動には、次のようなものがあります。

・相手の気持ちを受け入れる
・こちらに非があった場合にはそれを認める
・相手に非がある場合でも、誤解させてしまって申し訳ない、という態度を崩さない
・相手が誤解していることに対して論理的な理由を述べない

まずは対立の関係を壊すことが重要です。相手は理性的に考えることができない状況であることが考えられます。

そんなときにあなたのとった行動や言ったことに対する理由を説明しようとすると、ますます相手を怒らせてしまいます。「お互いにトラブルは避けたい」場合などは、最低限お互いに同意できることを我慢強く質問したり、話題にすることが効果的です。

あくまでも不要なトラブルを避けたい状況では、相手の「売り言葉」に乗らないで、相手の気持ちを汲み取るように心がけます。

【ステイタスの磁石の効果を活かすシチュエーション】

(1) クレーム対応

最もこのケースにあてはまるのは、クレーム対応などを受け持つカスタマーサービスのような業種だと思います。そういった現場では、どのようなクレームに対しても丁寧な言葉使いで接し、相手の気持ちを理解し、話を聞くことが基本とされています。常に低いステイタスでの会話に徹するわけですね。

とはいえ、知らない相手から毎日毎日文句を言われたり、罵倒されるのはいい気持ちがしないものですし、とてもストレスがたまる仕事であることに変わりありません。

もちろん、理不尽なクレームには会社組織としてのしっかりとしたバックアップがあるでしょうし、必要なトレーニングや研修を受けたうえで業務についています。その道のプロとして仕事に携わっているわけです。

ただ、そういった特別なトレーニングを受けていなくても、日常生活や職場で、理不尽なクレームを受けてしまうことは誰にでもあります。

先日、たまたま買い物をしていたスーパーマーケットでの出来事です。客の１人が買い物用のカートを引いてトイレに入っていることを、別の客が店員に対して食ってかかっていました。

「不潔だ、何とかしろ」と、その客は怒っているのですが、レジを打っていた若い店員は「私にはどうしようもできない」という趣旨のことを伝えています。その結果、客はさらに興奮して、「店長を呼べ！」などと叫び始めました。

確かに、買い物で使うカートをトイレに持ち込むのは不潔かもしれませんが、それを店員に対して食ってかかるのはお門違いな感じは若干あります。

こういう状況では、クレームを理不尽と捉えないで、ひたすら低いステイタスで接するのが効果的です。相手の言うことを聞き、理解を示し、礼を述べます。

「そうですか、それは大変失礼いたしました。すぐにこちらで対応させていただきます。ご指摘ありがとうございました」

などと伝えるのが理想の回答でしょうか。

クレームを伝えてくる相手は、とにかく「自分を受け入れてもらいたい」と考えているわけです。その種のクレームは決して個人的に受け取らないで、相手の気持ちを受け入れることに徹することが、トラブルを避けるうえで重要なことです。

（2）相手がミスしてしまったとき

相手がミスをしたときなど、相手のステイタスが低く、あなたが高い状況では、それをあえて強調しないほうがトラブルに発展しづらいと言えます。

たとえば、雨の日のコンビニなどで、誰かがあなたのカサを間違えてしまったとします。そのようなときに「オレのカサ返せよ！」などと、突然、相手を泥棒扱いしたら、誰でも不快になってしまいます。

これでは、**もともとミスしたのは相手でも、相手は「あなたが自分に対して失礼なことを言った」という受け取り方をしてしまいます**。「カサを間違えた相手」と「人を泥棒扱いしたあなた」という対立する関係ができてしまうわけです。

もともと相手に非がある場合でも、「すみません。それ、私のですけど……」といった低い姿勢で接したほうが、相手は素直に謝りやすくなります。

家族や恋人など、身近な相手と他愛もないことでケンカをしてしまうときには、こういうちょっとしたステイタスの見栄の張り合いが原因であることが多いように思います。つまり、高い方向へのステイタスの磁石が働いてしまうのです。

「相手の立場になって考える」というのは、ある意味低いステイタスの行動です。小さいプライドのようなものがあるおかげで、自らそうすることに対して抵抗がある人が多いのです。相手の気持ちになって考えることができなければ、話はいつまでも平行線で、関係はどんどん悪くなってしまいます。

トラブルを避けるためには、あえて低くなるようにステイタスをコントロールして、相手も下のレベルに引き寄せるように心がけましょう。「大人の対応」というやつですね。

〈ステイタス・コントロール6つのテクニック⑥〉

no.7 ステイタスを競い合って、相手の興味を引き寄せるテクニック

「ステイタスを大きく変化させて、インパクトを与える」ことと並んで、ドラマの演出でよく用いられるのが、キャラクター同士のステイタスを競争させる手法です。アニメや映画でも1人の主人公が大活躍するのではなく、ライバルがいることで興奮するストーリーになります。**競い合うことで、周囲もハラハラするので興味を引く構図**になるのです。

この手法は自己アピールなどに用いることができます。

【ステイタスを競い合う関係をつくるためのアクション】

ステイタスを競い合う関係をつくるためのしぐさや行動には、次のようなものがあります。

・ライバルを設定する
・相手よりいい条件を提示する
・2つの選択肢をさまざまな条件で比較する
・相手に勝つことに執着する

「競い合う構図をつくることで人の興味を引く」という方法は、さまざまな状況で使うことができます。

ついつい同期入社の同僚を意識したり、ライバル校を意識したりすることは子どもっぽいことのようにも思えますが、人のココロを動かす1つの要素であることは確かです。

【ステイタスを競い合うシチュエーション】

(1) 別の案と比較する

たとえばクライアントに何か企画やアイデアを提案するときに、A案とB案を示して比較するようにプレゼンを行なうことがあります。一般的に使われているテクニックではありますが、相手に興味を持ってもらう有効な手法です。

「B案も負けてはいません。A案が値段で勝負なら、B案はサービスで勝負です」といった具合に、それぞれのよさを競い合っているようにプレゼンします。

そうすることで単純にプレゼンがおもしろくなる、ということもあるのですが、比較することで、よりわかりやすく、アピールするポイントが明確になります。

別々の担当者がそれぞれの案をプレゼンするのであれば、色の違うハチマキをアタマに巻いたりすることで、あえて競争をアピールするのも効果的です。

大晦日に放送される「NHK紅白歌合戦」も、ただその年に活躍した歌手がヒット曲を歌うだけでは、普通の歌謡番組と変わりありません。しかし「男性と女性のチームが歌で競い合う」という趣旨を取り入れることで、盛り上がる演出となるわけです。

そして、口々に「名誉にかけても負けられない」とか、「勝利を勝ち取る」などと言うことで、「戦っている感」を強調して、視聴者の感情をあおります。

別にどちらが勝とうがすぐに忘れてしまいますし、何かいいことがあるわけではないのですが、ついついどちらかを応援してしまうんですよね。

(2) ライバルをつくる

自己紹介をするときに同じ出身校や同じ歳の著名人を引き合いに出したり、勝手にライバル視するような発言は、場を盛り上げる1つのテクニックです。

同期入社の同僚と競い合うような発言も同様です。あくまでも冗談だとわかる範囲で、「○○さんには負けられない」などと口にするだけで、飲み会などの席では盛り上がるはずです。

とにかく私たちは勝負事には目がありません。会社の業務成績や売り上げなど商売に関わることでも、ただ目標となる数字や金額を決めるのでなく、ライバルを決めるほうが効果的です。

「相手に勝ちたい」と考えることで、モチベーションを長く維持することができるのです。

no. 8 ステイタスに注目することで得られるメリット

ステイタスに注目することで、細かいしぐさだけでなく会話の内容や伝え方なども含めた、総合的な意味での「ふるまい方」というものがイメージしやすくなります。慣れないことをするのは難しいですが、あくまでも普段の自分の延長の範囲内でコントロールすることができる点でもオススメです。

「ステイタス」は他の言葉で置き換えることがちょっとできない、ユニークな価値観だと思います。でもセミナーなどで紹介すると、誰にでもすんなりとその意味を理解してもらえるので、いつも不思議でなりません。

私はステイタスを意識してコントロールするようになって、目的を達成するためであれば、イヤな相手にも低い姿勢で接することに抵抗がなくなりました。

でも、人によっては、「なぜ、私があんなヤツにアタマを下げなくてはいけないんだ」といったことを言う人もいます。

そういうプライドを持って生きていくことも大切だとは思うのですが、成功を収めるためにうまく人間関係をコントロールすることは、戦略的に必要なことだと思います。

相手の考えていることを予想して、「ステイタスの磁石の効果」などをうまく使って相手を味方にできたときなどは、こっそり「よっしゃ！」とガッツポーズをとったりします。ちょっと性格が悪くも聞こえますけどね。

◆ステイタス・コントロールでストレスフリーな人間関係をつくれる

また、ステイタスに注目することで、それまでわからなかった相手の行動の意図が見えてくるときがあります。すると、それまでいちいちカチンときていた人のしぐさや行動が、あまり気にならなくなります。

自分のステイタスを高めるため、人は誰でもちょっとした自慢をしたり、自分を大きく見せようとします。昔はそういう態度をとられると、下に見られているような気がして、ついつい反発したくなっていました。しかし、相手は単に何かが不安で、自分を受け入れてもらいたいだけだったりします。

素直に受け入れてあげれば、相手は安心します。そうするほうが、**反発するよりもはるかに人間的に大きく、ステイタスの高いふるまい**なのです。

一時的に自分のステイタスが下がってしまうことを恐れずに、もっと長いスパンで見て行動することが、高いステイタスを維持する秘訣なのだと思います。

COLUMN

アニメやドラマの「おきまりの展開」

ステイタスをドラマの演出に使う例について、もう少し詳しくご紹介したいと思います。

テレビドラマやアニメに登場するキャラクターを考えてみると、ある特徴が見えてきます。それはステイタスが低いキャラクターに人は「親しみ」を感じ、高いキャラクターは「あこがれ」の存在になる、というものです。

たとえば、サザエさんやのび太くんなどは、ステイタスが低いキャラクターです。一方、アメコミのヒーローや「ゴルゴ13」などのクールなキャラクターは、ステイタスが高いキャラクターです。

ステイタスが低いキャラクターが登場する話は、身近で親近感がわくストーリーが似合います。それに対してステイタスが高いキャラクターが登場する話は、見る人の夢を形にしたような、超人的な力や大金持ちが登場するストーリーが似合うのです。

そして、もともと設定されているキャラクターのステイタスが、ストーリー展開によって上下に変化することで、話のおもしろさが生まれるしくみです。

「ドラえもん」のコミックや短編アニメのストーリーは、まずジャイアンたちにいじめられて、のび太の低いステイタスが強調されるところから始まります。泣きながら家に帰ると、見かねたドラえもんが秘密道具を出してくれて、そのおかげでのび太は一時的にステイタスを上げることができます。この「ステイタスが変化する瞬間」が一つ目のピークで、読者がワクワクする場面です。ちなみに、いつもかわいくて、「あこがれ」と「良心」を象徴する存在のしずかちゃんは、高いステイタスのキャラクターに分類されます。

秘密道具は、しばらくの間は役に立ちます。しずかちゃんにもいいところを見せて、ジャイアン、スネ夫を見返すことができます。

しかし、しばらくすると使い方を誤ったり秘密道具の効果が切れてしまいます。その結果のび太のステイタスはまた下がってしまうのですが、ここも読者にとって後半のピークで、話の「オチ」となるわけです。

「ドラえもん」のストーリーのステイタスマップ

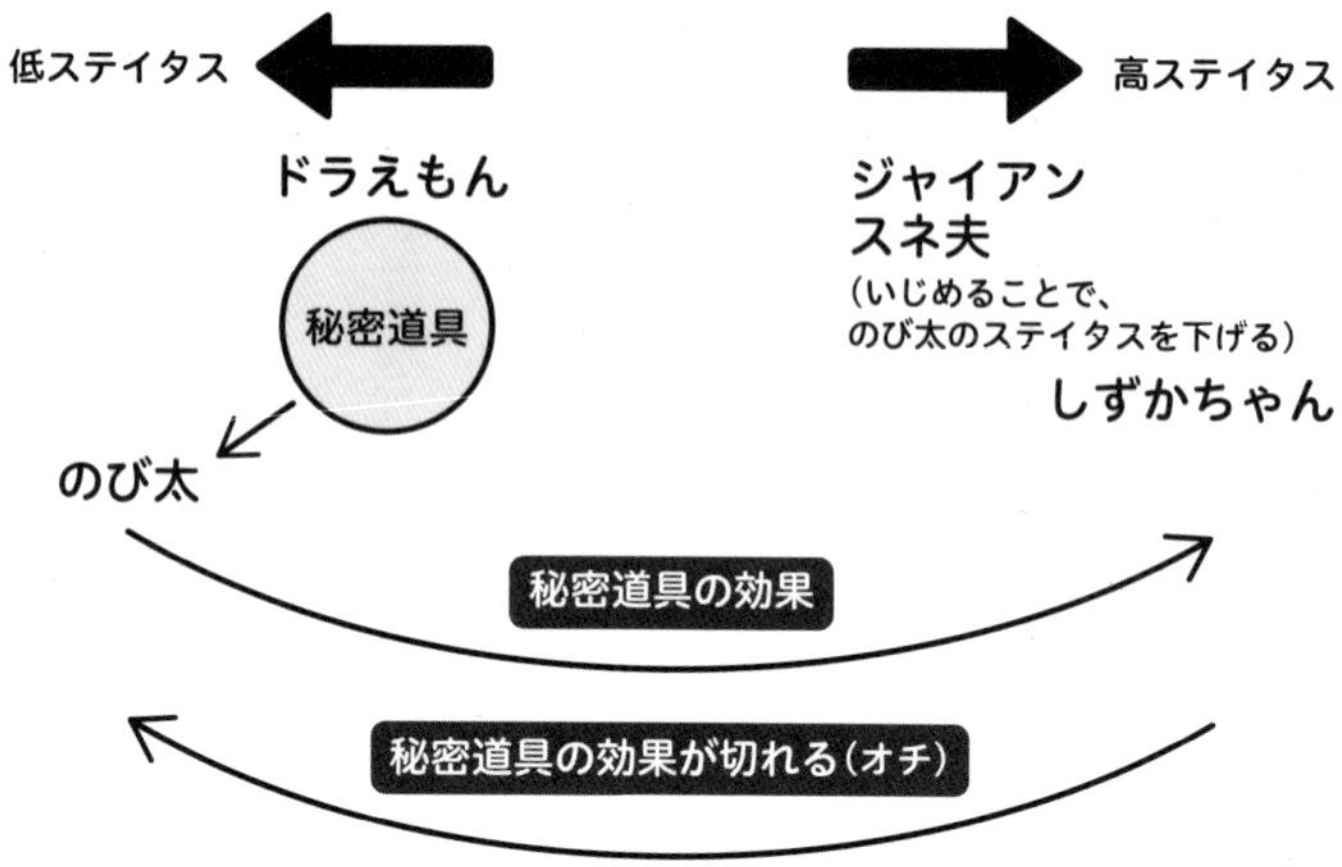

つまり、秘密道具によって一時的にステイタスが上がったのび太が、結局はヘマをして元の状態に戻る、というのが概ねの流れとなります。

また、時代劇の「水戸黄門」は、後半に立場を一転させるパターンです。

ある町にやってきた黄門様一行は、前半は素性を隠して庶民の暮らしやそこで展開される出来事を、傍観者の立場で見守っています。

この時点ではよそ者の黄門様たちのステイタスは、やや低めです。そしてたまたま茶屋などで居合わせた娘などから、悪人の存在を聞かされます。

悪人はその町では権力者で、表向きは善人のふりをしているずる賢い人物です。ストーリーが展開するにつれて黄門様一行は少しずつ「いざこざ」に巻き込まれていき、ステイタスもさらに下げられてしまいます。

そして、ピンチになったときに助さん格さんが活躍するアクションシーンがあり、例の「紋どころ」の登場で悪人と黄門様のステイタスの逆転を決定づけます。この急激なステイタスの変化がドラマの見所です。

登場人物や設定が微妙に変わっても、このステイタスの変化のパターンを変えずに守ることで、「おきまりの展開」を演出することができる、というわけです。

5章

自分の「ナチュラル・ステイタス」を味方にする

no. 1 居心地のいい「ナチュラル・ステイタス」

自分のステイタスをいい状態に保つためには、状況に合ったしぐさが求められます。

私たちは日々の暮らしの場面に合わせて、自分のステイタスを演じ分けているわけです。家族や恋人と一緒にいるとき、会社で会議をしているとき、同僚と昼食を食べているとき、接客しているとき、などなど、一緒にいる相手や場所によってあなたのステイタスは変化しています。

初めての営業先に訪問したときには、ステイタスは低い状況です。腰を低くしてふるまって、失礼のないように心がけます。一方、会社の会議で専門的な意見を求められたようなときであれば、高いステイタスの行動が求められます。

部下の前では部署をまとめるためにリーダーシップを発揮して高くふるまいますが、販売員として接客する際には低いステイタスに徹する、といったことですね。

とはいえ、人は誰でも自分にとって「居心地のいいステイタス」というものを持っています。

たとえば、世の中には人をサポートしたり、腰低くふるまうのは慣れていても、いざ主役として人前に出ると何もできなくなってしまうような人がいます。

逆に、常に人の上に立って強い影響力を発揮するのが好きな人もいます。そういう人は自分が話題の中心に居なければ極端にやる気が出ません。

人それぞれ、デフォルト状態のステイタスレベルには違いがあるのです。

それを、あなたの**「ナチュラル・ステイタス」**と呼びます。

◆下げられたら、まずは「受け入れる」

少し大げさな言い方になりますが、私たちが生きる目的は、充実した毎日を過ごすことで**自分のナチュラル・ステイタスを高めること**です。

ビジネスマンであれば、ステイタスをコントロールして会話や交渉で主導権を握り、仕事での実績を上げることができます。また、不要なトラブルを回避して、チーム内の人間関係を改善することができます。

相手が家族や友人であっても、ステイタスを正しくコントロールすることで、信頼関係を強くすることができます。

仕事やプライベートで自分の生活に満足していて、周囲に対していい影響を与えることができるということは、本当の意味でのステイタスの高さだと、私は思います。

でも、それは結果的にそうなるのであって、常にステイタスを高い状態に保っていることがいいというわけではありません。

時にあなたの意思とは関係なくレベルが下がってしまったり、誰かに下げられてしまうことがあります。そういうときは落ちついてそれを受け入れ、その状況で適切だと思われる行動をとることが重要です。

大切なのは「受け入れる」ことです。

低くなってしまった自分のステイタスを受け入れないようなふるまいは、周囲からの信用を落としてしまいます。

たとえば、過去の誤った発言を指摘されて、それをかたくなに否定したり、飲食店で注文を間違えられただけでブチ切れてしまったり、電車が遅延したことを駅員さんに食ってかかってみたり。

そんなことをしてしまえば、周囲はその人がいつも自分を大きく見せようとしている、器の小さい人間であることを一発で見抜いてしまいます。

提案していた企画が採用されなかった、コンペで落選した、試験が不合格だった、などといった悪い結果に対しても、素直にそれを認めて受け入れるべきです。何か不正が働いたような状況は別として、下された結果に不満ばかり言う態度は、ステイタスを下げるだけでなく、周囲を不快にさせてしまいます。

生きていれば、どうしようない問題に直面することはあるわけです。

いくら自分を大きく見せようと思っても、最終的にステイタスを決めるのは相手なので、ムダに抵抗しても意味がありません。重要なのは、「次にどのような行動を起こすか」ということなのです。

低くなってしまった自分のステイタスを、あなたが動じることなく受け入れ、冷静にふるまう様子を目にすれば、周囲に器の大きさを印象づけることになります。

それが信頼感につながり、ステイタスの回復につながるわけです。

◆ステイタスは高すぎるとねたまれる

また、高すぎるステイタスはトラブルのもとです。

自分では意識しなくても、状況がステイタスを必要以上に高めてしまうこともあります。

そんなときに言い方を間違えたり、配慮のない態度をとってしまうと、自信過剰で傲慢に見えてしまうのです。相手にとっては「ねたみ」の対象となってしまい、関係が悪化しかねません。

たとえば、自分が就職できたことを、まだ就職先が決まっていない友人に報告するようなときには配慮が必要です。または結婚生活の悩みを、結婚したがっている相手に相談するようなときも同様です。

強い信頼関係があればそれほど問題になることではないのですが、言い方を間違えると相手を傷つけかねない状況ではあります。

格闘技やボクシング選手が、対戦相手のステイタスを下げるような発言をするのをよく目にしますが、たいていは試合前のコメントです。

試合後に勝利した選手が負けた相手に対して同じ発言をしてしまうと、世間からは反感を買ってしまいますよね。お互いに健闘をたたえることで、勝った選手はステイタスが上がりすぎず、負けた選手は自分の状況を受け入れることで、低くなったステイタスを回復させるような効果を生むわけです。

下がったステイタスは受け入れ、上がった場合は高くなりすぎないように自分で気を使いつつ、**長期的に見て安定したポジションになるようにコントロールする**ことがポイントです。

no. 2 自分のナチュラル・ステイタスを知ろう

ナチュラル・ステイタスは、生まれ育った環境や日々の暮らしによって少しずつ形成された「キャラクター」のようなものです。

職場でもプライベートでも、いつも幹事役を任されてしまう、とか、すぐに末っ子であることが人にバレてしまう、といった経験はないですか？

一緒にいる相手や環境が変わっても、同じような役どころになってしまうような経験です。あなたは意識していなくても、普段の言動によって周囲はあなたの適性を見抜いてしまっているのです。

学生の頃からクラス委員や生徒会長にいつも選ばれる人、大人になっても何かと「まとめ役」や責任者に選ばれてしまうのは、ナチュラル・ステイタスが高めの人です。

一方、いつも人から、からかわれたり冗談を言われてしまう人、いじられキャラ、チームのマスコット的な存在になるのは、低いナチュラル・ステイタスの特徴です。

◆ナチュラル・ステイタスは個性と捉える

ナチュラル・ステイタスはあなたの個性です。ですから、たとえそれが低かったとしても、無理して変える必要はありません。それは**最終的な評価ではなく、出発点だと考え受け入れてしまえば、自分の印象を高める際にうまく利用することができる**のです。


たとえば、いつも頼りなく低いステイタスの人が、「ここぞ！」というときに厳しい顔で反論すれば、とても大きいインパクトを相手に与えることになります。

また、普段無口でステイタスが高い人が、たまにやさしい側面を見せることで、相手に親近感を抱かせることができます。

たまに見せる正反対の行動は、強いインパクトを周囲に与えるのです。

自分のナチュラル・ステイタスを理解した行動をとることで、

「あの人は、いつもはニコニコしているけど、言うときは言うんだ」

とか、

「彼は一見怖いけど、実はやさしいところがある」

といった具合に、欠点を武器に変えることもできるのです。


ナチュラル・ステイタスが低いのであれば、低いなりに自分を高める方法があります。

逆に高いのであれば、親近感を抱かせるような行動をとって壁を取り払うのです。

まずは自分が周囲にどう思われているのか、あなたのナチュラル・ステイタスのレベルを考えてみましょう。

no.3 ナチュラル・ステイタスの自己診断

あなたのナチュラル・ステイタスは、どのくらいのレベルでしょうか？

中には仕事とプライベートでは性格がまったく別、といった具合に、状況に合わせてうまく自分の顔を使い分けている人もいるかもしれません。

でも、誰にでも「本当の自分」、最も落ち着くステイタスレベルというものがあるものです。次に紹介するリストを参考に、イメージしてみましょう。

◆高いナチュラル・ステイタスになりやすい特徴

あくまでも目安なのですが、「ナチュラル・ステイタス」を決定づける特徴には、次のようなものがあります。多くに該当していれば、ナチュラル・ステイタスが高い傾向にあります。

- □ 長男、長女である
- □ 無口なほうである
- □ 慎重な性格である
- □ 声は低いほうだ
- □ 自分の内面やプライベートをあまり人に見せない性格である
- □ 不都合なことや失敗談をあまり人に話さない
- □ 高学歴、高収入である
- □ (周囲の人と比較して) 年齢は上のほうだ
- □ 仕事人間である
- □ 体格はいいほうだ

すべてに該当する人をイメージすると、やや強そうで謎めいていて、クールな人物像が見えてきますね。

社会的な地位や経歴に関係なく、黙って座っていてもにじみ出てきてしまう雰囲気のようなものが、ナチュラル・ステイタスです。「長男、長女」「高学歴」といった特徴は言わなければわからないことではありますが、ちょっとしたしぐさに表われてしまうものなのです。

高いナチュラル・ステイタスの人は気軽に話しかけづらい印象があり、年上の人や上司からも敬語で話しかけられるような傾向があります。周囲からは冗談を言われるより、気を使ってお世辞を言われることのほうが多いかもしれません。

一目置かれているので代表者や責任者などを頼まれることが多く、それをあなたが快諾すれば、周囲は皆、納得です。

◆低いナチュラル・ステイタスになりやすい特徴

次のような特徴に多く該当すると、ナチュラル・ステイタスが低い傾向があります。

□末っ子である
□よくしゃべるほうである
□無鉄砲でおっちょこちょいな性格である
□声は高いほうだ
□自分の内面や考えていることを隠さず、人に見せてしまう
□自分の失敗談を笑い話にして人に話すのが好き
□学歴や収入はそれほど高くない
□（周囲の人と比較して）年齢は若いほうだ
□仕事より趣味を優先する
□背が小さい、体格はあまりよくない

すべてに該当する人をイメージしてみると、親しみやすくて、気さくで明るい人物像が見えてきます。

高いステイタスは、いい意味で、皆からの「あこがれ」となりやすいキャラクターですが、低いステイタスは「親しみやすい」キャラクターになる特徴があります。

したがって同僚や上司からはタメ口で話しかけられるのが普通です。誰からも気軽に話かけられて、ボディタッチもされやすいでしょう。冗談を言ってもわかってくれる印象があるので、からかわれたり、いじられやすいところもあります。

人付き合いがよく、その点では評価されているのですが、やや頼りない印象もあります。他の人には頼みづらい面倒な仕事を頼まれることも少なくありません。

家族や会社、友人、趣味のサークルなどにおいて、自分のナチュラル・ステイタスがどのくらいかイメージしてみましょう。

仲のいい友人とお互いのステイタスについて話し合ってみても、おもしろいですよ。

no.4 「ナチュラル・ステイタス」と「理想のステイタス」とのギャップ

ナチュラル・ステイタスは、基本的には周囲があなたのふるまいを見て判断するのですが、それがあなたにとっての「理想のステイタス」と異なってしまうこともあります。

たとえば、自分としては前に立ってリーダーシップを発揮したいと考えていても、身長が低くて童顔なため、いつも人から「かわいい」と言われてしまう、とか。

逆のパターンで、自分としては「おしとやかな女性」になりたくても、さっぱりとした性格なのでいつも頼られてしまう、といったケースもあります。

「ナチュラル・ステイタス」と「自分の理想のステイタス」とのギャップに悩んでいる方は、多くいらっしゃいます。

また、少し違うケースとしては、あなたの「ナチュラル・ステイタス」が、会社でのポジションや社会的な地位にマッチしないようなことも考えられます。

たとえばあなたの年齢が30歳だとして、会社の同僚が50代ばかりなら、あなたは「若い」部類に属しているので、低いステイタスのふるまいが求められます。しかし、20代の中にいれば「人生経験豊富」ということで、高いふるまいが期待されてしまうのです。

一緒にいる相手に応じて自分のふるまいをコントロールできればいいのですが、いつもそうできるとは限りません。

自分にとって自然で居心地のいいふるまいと、社会的に「期待されるステイタス」にギャップが生じている状況です。

「ナチュラル・ステイタス」と「自分の理想」や「社会的な期待」とのギャップは、しばしば悩みの種になったり、人間関係を悪化させる原因になってしまいます。

自分のナチュラル・ステイタスのレベルをしっかりと理解したうえでうまくコントロールすれば、そういった問題を解決することは可能です。

◆高いナチュラル・ステイタスを低くする行動

あなたのナチュラル・ステイタスが高く、なおかつ職場などで低くしたいと考えているのであれば、相手に親近感を与えるような行動をとってみましょう。

相手と出会ったときには、自分から笑顔であいさつして話しかけます。相手はあなたが想像する以上に緊張したり、プレッシャーを感じているかもしれません。無意識のうちに威圧感を与えてしまっているのです。そういった緊張をほぐすために、できるだけ沈黙をつくらないで、自分から話題を見つけて話しかけるのが理想です。

さらに、そういった会話の際、相手の話す内容に興味を示し、気になったことを質問してみます。「それはすごいですね」とか、「おもしろいですね」といったリアクションも、やや社交辞令のように聞こえてしまったとしても、言わないよりは言ったほうがいいのです。相手の話に興味を示すことが大事なのですが、聞き出すばかりでは尋問のようになってしまうので、自分のことも積極的に話します。住んでいる場所や休日の過ごし方など、プライベートな話題はステイタスを下げる効果があります。

話題に困ったら、自分以外の誰かを褒めるような会話もオススメです。

取引先やクライアントと接するとき、または若手社員が上司と接するときなどは、相手よりもやや低めのステイタスでふるまったほうが、いい印象を与えることができます。ナチュラル・ステイタスが高い場合はなおさらフットワークを軽く、状況に気を配ってすぐに行動に移すように心がけてください。

また、あなたがチームリーダーなど、部署をまとめるポジションにいるのであれば、仕事以外の場ではできるだけ和やかに、ステイタスを下げる行動をとってみましょう。

リーダーであれば基本的にステイタスを高くふるまっても問題はないのですが、部下たちと「シーソーゲーム」ができるほうがチームとして結束が高まり、生産性も向上するからです。

たとえば、部下とエレベーターで一緒になったときに自分から声をかけてみたり、エレベーターのボタンを操作してみます。ちょっとしたことなのですが、ナチュラル・ステイタスが高いあなたがそういった行動をとることで、リーダーとしてのポジションを維持しつつ、場をリードする空気のようなものが生まれます。

高いナチュラル・ステイタスを低くする行動の例

- 相手と出会ったときに、笑顔で自分から話しかける
- 会話などで相手の話す内容に対して興味を示し、質問してみる
- 自分の個人的なこと、住んでいる場所や休日の過ごし方などを話す
- 高いトーンの声で話す
- 相手や自分以外の誰かを褒める

あるいは、飲み会や休日のバーベキュー大会を率先して企画して、何よりあなた自身が楽しんでいる様子を見せます。

「褒めて伸ばす」を意識して、部下たちのいい部分を見つけて話題にするのもオススメです。

会話では明るく、声がぼそぼそと暗くならないように、意識して高いトーンで話してみましょう。

プライベートについて明かすことは苦手かもしれませんが、ほんの少しでいいので(ただし確実に)、そのような側面を1日に1回でも相手に見せることで周囲があなたに対して親しみを感じ、信頼関係につながります。

◆低いナチュラル・ステイタスを高くする行動

あなたのナチュラル・ステイタスが低く、なおかつ人前で高い印象を与えたいときには、落ち着いたふるまいを心がけます。

ナチュラル・ステイタスが低いということは、相手が親しみを感じている存在なのですが、やや頼りないと思われている可能性もあります。または「やさしいから怒らないだろう」とか、「まだまだ若いから経験不足だ」といった印象を持たれているかもしれません。

そういった状況を変えたいと思ったとき、不機嫌そうにふるまったり、ただいばっているだけでは強がっている子どものように見えてしまうだけです。

その代わりに、口数を減らして、ゆっくり、手短に話すように心がけましょう。質問に対して自分の意見を言うときは、1テンポ置いてから答えます。話の要点など、重要なことを伝えるときには笑顔はやめて、少し低めのトーンで話すのも効果的です。

自らのステイタスが低いことを否定せず、受け入れたうえで行動したほうが、大人の余裕を印象づけることができます。

低いナチュラル・ステイタスを高くする行動の例

- あまりしゃべりすぎず、質問に対して「間」をとり、ゆっくり手短に話す
- 低めのトーンで話す
- 本当に伝えたいことを話すときには、笑顔をやめる
- 自分の低いステイタスを受け入れて否定しない
- 会議の始まりのあいさつをするなど、儀式的な行動をとる

チームリーダーであれば、ふるまいに「儀式的な」要素を意識して取り入れることで、威厳のようなものが高まります。

たとえば、会議の開始数分前には会議室に出向いて準備を始めたり、会議の始まりと終わりに姿勢を正してあいさつをしてみる、など。少し窮屈に感じるかもしれませんが、節目の緊張感が効果的に働きます。

また、会議の決定事項など重要なことを発言する際には、一瞬「間」をとり、出席者たちをよく見回してから話し始めると、その瞬間のステイタスは高まります。

あくまでも普段から親しみやすく、笑顔を絶やさないあなたがこういった行動をとることが効果的なのです。

no. 5 ステイタスを変えれば、相手との関係が変わる

ステイタスは高すぎても低すぎてもだめで、上下関係が固定してしまうのもよくありません。

ビジネスにおいては、ある程度の緊張感はあったほうがいいと考える方も多いと思いますが、上司が怖くて周囲が緊張したり、部下が一言も意見を言えないような状況では生産性は上がらないわけです。

上司と部下の間にしっかりとした信頼関係を築くためには、「緊張と緩和」のようなステイタスのアップダウンが必要です。つまり、ステイタスの「シーソーゲーム」ができるような関係ですね。

そのためには、「役職」で上のポジションにいる上司が、アクションを起こすほうがスムーズにいくことが多いと思います。職場でのシーソーゲームは仕事に対するストレスを軽減させる効果があります。

上司からそういった空気をつくることで、若手社員ものびのびと活躍しやすくなります。モチベーションが高まり、若手社員が友人たちとの飲み会で仕事について聞かれたとき、いかに自分が上司に恵まれているのか、やりがいのある仕事なのかを話すようになるのです。そうなったら、本当に理想ですね。

◆小さなことから人間関係が変わり始める

自分のポジションや「役回り」に応じたふるまいを考えるきっかけとして、まずは自分のナチュラル・ステイタスに目を向けてみてください。周囲の親しい人たちに、あなたのしぐさやクセ、印象などについて聞いてみるのもいいと思います。

自分のキャラクターに反してふるまうには多少の演技力が求められますが、声のトーンや顔の表情など、小さいことから始めてみるのがいいと思います。最初は身近な相手から試してみることをオススメします。自分が変われば相手の態度も必ず変化しますよ。

職場以外の人間関係でも、特に異性との関係、恋人や夫婦間でもナチュラル・ステイタスを基準としたふるまいのコントロールは役立ちます。

ナチュラル・ステイタスが高すぎるために怖がられてしまったり、逆に低すぎるために頼りなく思われてしまう、といったこともあると思います。

私は恋愛の専門家ではないので詳しくは書けませんが、相手の理想が自分のナチュラル・ステイタスに近ければ、関係はうまくいくのではないでしょうか。周りに気になる人がいる方は、ぜひ参考にしてみてください。

COLUMN

職業別ステイタス・イメージ

職業や職種によって求められるステイタスは違ってきます。

ここで考えたいのは職業ごとの重要さや格ではなく、その仕事に従事するうえで期待されるふるまいやイメージです。

権力に関わる政治家や弁護士、人の生命に関わる医者やパイロットのような仕事は高いステイタスです。

また、名声を手にしたスポーツ選手や芸能人、権威ある伝統芸能の家元なども同様ですね。少し低くなりますが、専門的な知識を必要とするコンサルタントや金融関係、大学教授なども高いステイタスに含まれます。

業種に関係なく、直接顧客と接するような営業職、販売員などはステイタスが低め

職業ステイタスマップ

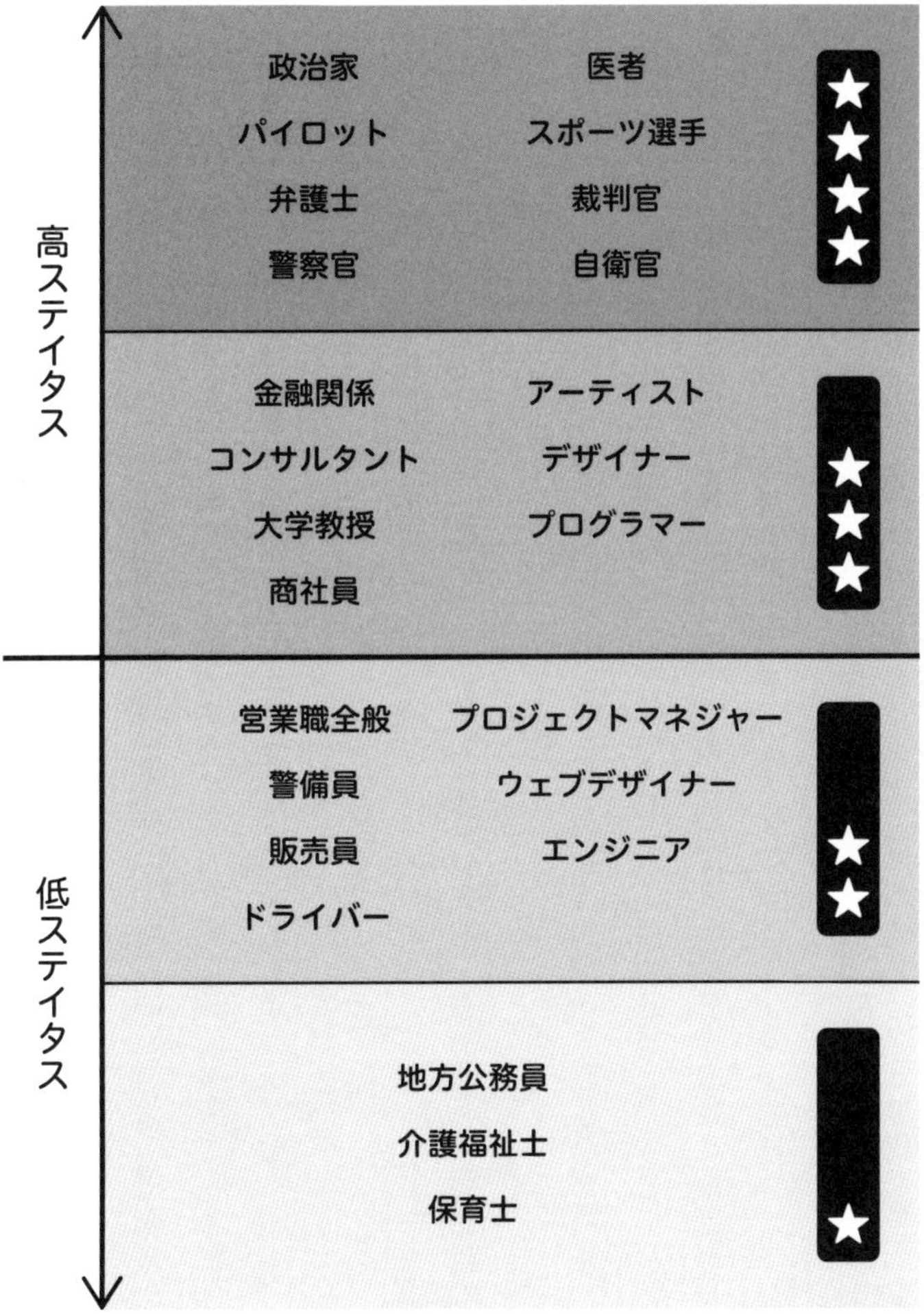
高ステイタス
低ステイタス
政治家
医者
パイロット
スポーツ選手
弁護士
裁判官
警察官
自衛官
★★★★
金融関係
アーティスト
コンサルタント
デザイナー
大学教授
プログラマー
商社員
★★★
営業職全般
プロジェクトマネジャー
警備員
ウェブデザイナー
販売員
エンジニア
ドライバー
★★
地方公務員
介護福祉士
保育士
★

なほうが業績に結びつきやすいと言えます。エンジニア、警備員などブルーカラーに属する職種もやや低いステイタスに属します。

高齢者や子どもと接するような福祉関係、保育士などは、さらに低いステイタスのふるまいが求められます。自分の職種や役職のステイタスを客観的に考えてみると、求められるふるまいが、おのずとイメージできるのではないでしょうか。

ちなみに、ドラマやコントのストーリーを考えたいと思ったら、こういった一般的なイメージと逆のステイタスのふるまいで演じてみるだけでも、おもしろい場面になります。

やたらとステイタスが高い保育士や、やたらと低い裁判官が登場するとか、です。

職業に限らず、場所や料理や服装など、すべてのものにステイタスのレベルはあります。それを意識することで、ビジネスチャンスにつながるような発想のヒントにもなります。

たとえば、一般的にステイタスが高いとされるフランス料理やイタリア料理を、立食スタイルでカジュアルに提供している「俺のフレンチ」「俺のイタリアン」といったレストランは、ステイタスのレベルのギャップを活かした発想です。

逆に、一般的にカジュアルでステイタスが低い印象があるラーメンやお好み焼きを、高いステイタスで提供するような店があっても、注目を集めそうですね。

6章

ステイタスをコントロールする会話術

no.1 ステイタスを会話中に変化させるコツ

私がセミナーでステイタスのワークを行なうとき、受講者の皆さんにはさまざまなコントロールの仕方を体験していただきます。

たとえば、裏返したトランプを引いてもらい、数によってステイタスのレベルを決めて即興でふるまってもらうようなエクササイズです。

たいていの場合、高いステイタスを演じることになった方は、怒って不機嫌な表情になり、傲慢な態度をとり始めます。他の人に飲み物を持ってこさせたり、イスに座っている人の前に行って「どけよ！」などと言ったりするのです。

ステイタスの表現の仕方としては間違っていないのですが、これではあまり自然とは言えません。

日常生活でたまたますごくえらそうにふるまう人がいたとしても、することといったら、せいぜい遠回しに「のどが渇いたなぁ」と言って誰かを見たり、座っている人の前で大きくため息をついて疲れた素振りをする程度ではないでしょうか。

そして、相手が自分の希望をかなえてくれたときには、「悪いねぇ」とか、「あ、サンキュー」などと、一応は礼を口にするものです。

また、会話をしながらステイタスを変化させるようなワークも行ないます。パートナーと会話している最中に、別の人から演じなければいけないステイタスのレベルを指示されて、その通りにコントロールする、といったものです。

一貫した自然な会話の流れを止めないで、微妙な言い回しや間のとり方でステイタスを調節するのがワークの目的です。これも慣れないとなかなか難しい……。

ステイタスが低い指示が与えられているときは、

「はい、スイマセン。今後気をつけます」

と謝っているのですが、高い指示を出された途端に、

「でも、悪いのはアナタでしょう。どうしてくれるんですか⁉」

と、いきなり怒り始めてしまいます。これでは、一貫した会話の流れが保たれているとは言えません。

本来は、相手との立場は変わらなくても、つまり謝ったり威張ったりしなくても、ステイタスのレベルを変えることは可能です。

たとえば、自分がヘマをしたエピソードを話せばステイタスは下がりますし、自慢話をすれば高まります。または、顔を背けて無関心なしぐさをすればステイタスは上がり、少し姿勢を低くして「そうなんですか、もっと聞かせてください！」と強く相手に興味を示せば、下がることになります。

実は、**皆、無意識のうちに日常でやっていることなのですが、いざ意識して、それを再現しようとすると案外難しいもの**なのです。

◆声の大きさや抑揚、タイミングのさじ加減

同じことを話していても、声の出し方や言い方を変えるだけで、ステイタスを変化させ

ることができます。

たとえば、**自信を持ったはっきりした口調はステイタスが高く、力がこもっていないモゴモゴした口調はそれだけで下がってしまいます。**

声の大きさもステイタスに関係してきますが、状況に応じて効果はマチマチです。命令したり、注意したりするときには、声が大きければ強い印象になり、ステイタスも高くなります。ただ、周りが耳をそばだてて聞かなければならないようなささやき声も、別の意味でステイタスを上げる効果があります。はっきりとした口調で声の音量だけを落とすのです。

物語に登場する王様や貴族が庶民に直接話しかけず、執事などを通じて話すような感じと似ていますが、小さい声によって聞きづらくすることで、相手に負担を与えるわけです。

感情を大きく表現してしまうことは、時にステイタスを下げてしまうことがあります。飲み会の約束がある日に仕事が終わって大喜びしたり、応援していた野球のチームが負けたからといって大声で悲しむ様子を周囲が見たら、ココロの中が筒抜けで単純な印象を与えてしまいます。

相手を褒めるときには、むしろ小さい声でささやくように「すごい！」と言ったほうが「思わず声が漏れた」といった印象になり、尊敬の意味合いが強調されます。

大きい声で「すごーい、すごーい」などと連呼するだけでは、相手を褒めているというより、そうすることで自分が目立とうとしているような印象になってしまい、逆効果なのです。

会話の流れを変えずに自分のステイタスを下げるテクニックとしては、**相手の問いかけに対してすぐに「はい！」などと返事をする**、ということなどがあります。

相手の発言に対して大きくリアクションするのも効果的ですが、「えー？　そんな遠くから通勤されているんですか？」など、内容によってはバカにしているととられてしまうこともあるので、要注意です。

リアクションを少なめにしたり、タイミングを少し遅らせることでも、ステイタスは高まります。

何かの連絡事項を同僚があなたに伝えたとして、それに対して1テンポ置いてから、「わかりました」と言ったとすると、威厳が感じられますが、「えらそうなヤツ」と思われてしまうかもしれません。

しかし、相手に対してネガティブな意見を伝えるときであれば話は別で、ゆっくりなリアクションで「そうですね……」などと言葉をはさんで伝えたほうが、ステイタスは下がり、控えめな印象になります。

no.2 人間関係を左右する会話のアプローチ

ステイタスをコントロールするしぐさとあわせて、会話の内容、使う言葉にも注目してみましょう。ちょっとした言い回しによって、自分と相手の関係を変化させることができます。

たとえば、相手の持ち物を褒めるときも、

「その時計、かっこいいね」

と言うのと、

「その時計、いいよね。オレも昔、持ってたよ」

と言うのとでは、2人の関係は少し違ってきます。

最初の会話は純粋に褒めていて、「うらやましい」と感じていることがうかがえるので、

・自分が低く、相手が高い

という関係です。

一方、後の会話での重要なポイントは、「自分が相手よりも先にその時計を持っていた」という部分です。だとすると、

・自分が高く、相手が低い

という関係をつくろうとしている意図が感じられます。

この後、どのようなやり取りが交わされるのかによって、また関係は変わるのですが、「アプローチ」の仕方によって、当然、相手の印象も変わってくるのです。

実際にはステイタスは状況など他の要素にも影響を受けるので、言葉に絶対的な力があるとは言えません。

ただ、この違いを見分けることで、相手を不快にするようなことを避けることもでき、人間関係の改善に活かすことができます。

◆興味の持ち方やアピールが相手との関係を変える

お互いのステイタスを変化させる会話のアプローチは、大きく分けて4種類あります。
それは、

①相手のステイタスを上げる「尊敬」の会話
②自分のステイタスを下げる「服従」の会話
③相手のステイタスを下げる「侮辱」の会話
④自分のステイタスを上げる「自慢」の会話

です。

「尊敬」と「服従」は相手に対して自分が低いポジションになることであり、「侮辱」と「自慢」は相手に対して自分が高いポジションになることなので、同じグループとして考えます。

お互いのステイタスを変化させる会話のアプローチ

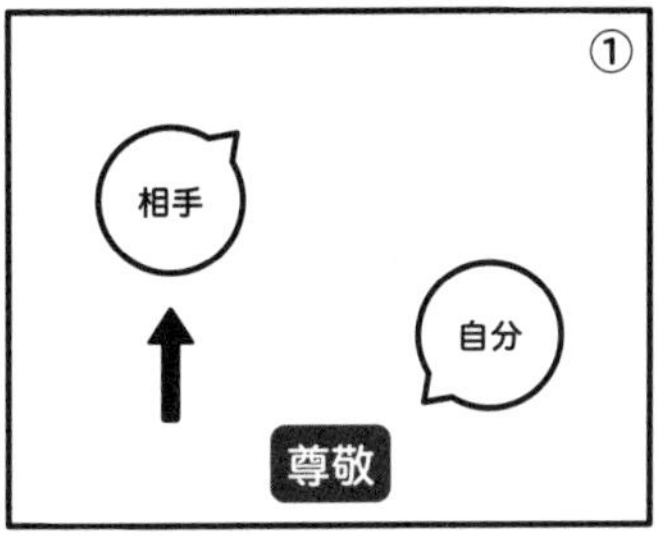

①相手のステイタスを上げる「尊敬」の会話

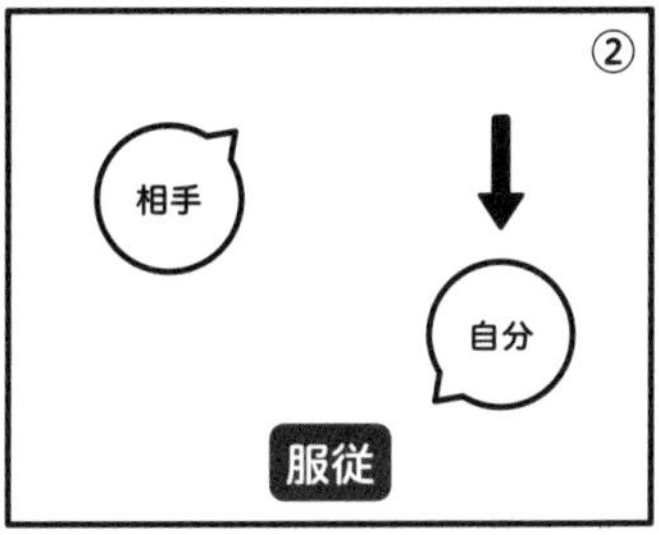

②自分のステイタスを下げる「服従」の会話

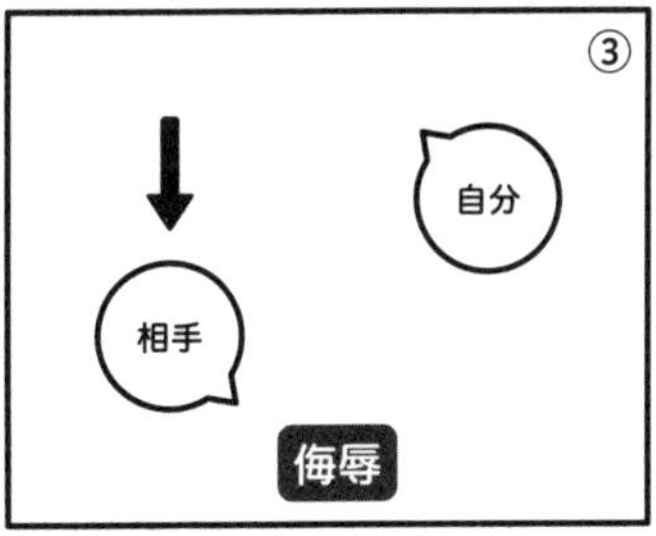

③相手のステイタスを下げる「侮辱」の会話

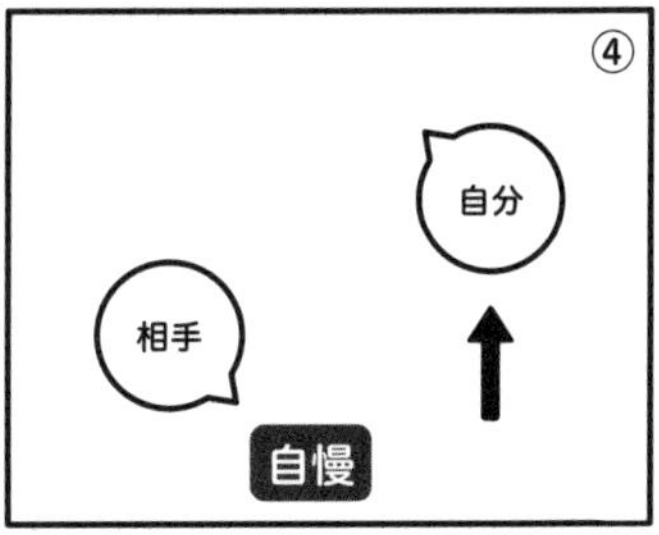

④自分のステイタスを上げる「自慢」の会話

尊敬と服従

会話で「尊敬」の効果を出すためには、相手のポジションを上に持ち上げます。つまり、相手を褒めたり、相手の話題や持ち物や行動などに興味や関心を示すようなことを伝えるのです。相手の意見を否定しないで、相手の提案にはポジティブな意見を言います。

「服従」もそれに似ていますが、自分の知識のなさをアピールして、教えてほしいという態度を示したり、自分の失敗や個人的なことを話して自分のポジションを下げるような会話になります。

【会話例】

「私って、どうもこういうデザインのセンスがないんですよね……」(服従)

「横浜中華街って行ったことがないのですが、おいしいお店、ご存じですか?」(尊敬と服従)

「うらやましいなぁ、夏の北海道!」(尊敬)

「新しいノートPC買ったんですね。ちょっと見せてもらってもいいですか?」(尊敬と服従)

「全然その歳に見えないですね」（尊敬）
「すごく都会的でオシャレな内装ですね」（尊敬）

侮辱と自慢

「侮辱」の会話は、相手の意見に対して常に否定的です。ネガティブな意見を述べることで、相手のポジションを下げようとします。一般常識などを例に出して、相手の劣っている部分を指摘したり、相手にうんざりしているような態度をとるのです。

「自慢」は自分を認めてもらいたい、興味を持ってもらいたいという気持ちの表われです。相手が知っていることは自分も昔から知っている、さらに詳しい情報を持っている、ということをアピールします。自分に関係する地位や過去や高価なものなどの話をして、自分のステイタスを上げようとします。

【会話例】

「どうしてそんなこともわからないの？　常識でしょ！」（侮辱）
「もう少しわかりやすい日本語で話してくれるかな」（侮辱）

「あぁ、あのイタリア料理屋さんね、知ってるよ。あそこよりも新宿にもっとおいしいお店があるよ」（侮辱と自慢）
「週末スノボ行くの？　オレも学生の頃よくやったなぁ」（侮辱と自慢）
「フラッとグアムに来てま〜す！」（自慢）
「今度、弁護士の知り合いとマージャンするんだ」（自慢）

◆「何を伝えるか」ではなく、「どういう関係になりたいか」

会話では、ちょっとしたリアクションの違いで関係は変化します。誰でも「侮辱・自慢」で会話されるより、「尊敬・服従」で会話されるほうが気分はいいものですよね。

たとえば、

「この間、来日したバンドのコンサートに行ったんだ」

と知り合いに言われたとします。

あなたもそのバンドのファンで、以前コンサートに行った経験があったとします。それに対して、

「ああ、オレも10年前にコンサート行ったことあるよ」

と答えることもできるし、

「いいなー！　オレも行きたかったなぁ！」

と答えることもできるわけです。

別にウソをつく必要はないのですが、「10年前に自分もコンサートに行ったこと」を強調するのか、「最近のコンサートに行きたかったこと」を強調するのかで、会話の意味が変わってきます。

結果的に、相手との関係が違ってきます。

「尊敬・服従」の会話は、**ただ相手を甘やかして、すべて「イエス」で答えるというわけではありません**。ビジネスシーンでも役職や地位に関わりなく、お互いを上げたり下げたりする会話は成立するものなのです。

たとえば、部下が仕事に対して積極的な態度で何かを提案したときに、

「おもしろそうだね〜」

「ちょっと考えてみよう」

と受け入れることで、部下に対する「尊敬」の会話は成立します。そう言われたほうが、当然相手は自分の行動が認められていると感じるはずです。

「尊敬の会話」では、「提案の内容」の良し悪しは別にして、「提案した」ことに対してポジティブな意見を言うのです。

逆に、上司が自分の考えを部下に伝えたとき、

「その案、私も考えたんですが、現状、スケジュール的に無理じゃないですか？」

など、真っ当なことを伝えながら、部下が上司を「侮辱」することもできます。

ビジネスにおいては、そういった冷静で否定的な意見も必要かもしれませんが、常に会話が「侮辱」になってしまうと、消極的な雰囲気になってしまいます。

すぐに予算やスケジュールなど実務的な判断をするのではなく、「やってみたいですね」など、ポジティブな意見を言うこと自体はタダですし、お互いの空気をよくする効果があります。

「提案した」ということに対して相手の行動を認めることができれば、「提案の内容」が

後に否定されたとしても、いい関係は維持されます。

相手といい関係を築きたいと考えたら、「尊敬・服従」の会話になるような話題を探すことが効果的です。

ただし、あくまでもこのような会話は、自分がその場でできる「アプローチ」であって、いつでも意図するようなステイタスの変化に結びつくとは限りません。相手がそれを素直に受け入れてくれるとは限らないからです。

あなたは「尊敬」のつもりで伝えたことが、相手が深読みをしてイヤミを言われたと勘違いされてしまうかもしれません。相手の反応しだいで、あなたにとっての「尊敬」が、「侮辱」と受け取られてしまうのです。言い方やタイミングなど、微妙な違いが影響してきてしまうからです。

no. 3 相手の「侮辱・自慢」への対処法

会話をしていて厄介なのが、相手が何かと「侮辱・自慢」をしてくるときではないでしょうか。それも、あからさまな内容ではなく、表向きは自分の体験をただ報告しているようにも聞こえるので、否定的になるのもこちらが大人げない感じもしてしまいます。

そのような場合にストレスを感じずに、うまく会話を進めるための方法を、次の例で考えてみましょう。

会社の同僚であるAさんとBさんが、仕事の休み時間におしゃべりをしています。

A「週末に公開になった新作の映画を観に行ってきたよ」

B「へぇ～。私はフランスから帰った友だちの家でワインパーティだったんだ」

Aさんは週末に映画に行ったという話題を提供しましたが、Bさんはそれには反応しませんでした。また、フランスに行っていた知り合いがいることや、自分が特別な週末を過ごしたことをそれとなく伝えています。

Aさんの小さい「自慢」に対して、Bさんはそれに反応しないことで「侮辱」の対応、さらに自分の「自慢」で対抗している会話だと言えます。

このようなやりとりが、あらかじめあったとして、それに対するAさんの反応を考えてみましょう。

パターン❶　「尊敬」の会話による〝大人の対応〟

「楽しそうだね。おいしいワイン、たくさん飲んだの？」

もともと話しかけたAさんの話題は飛んでしまいましたが、Bさんの話題に興味を示す大人の対応です。

話題に対するポジティブな感想はBさんへの「尊敬」となり、Bさんも悪い気分はしないはずです。ここからそのワインパーティの話題や、そこに集まっていた知り合いの話題に発展すると、Bさんの機嫌はますますよくなるはずです。

Aさんが話を合わせたことで、Bさんのステイタスが高められた印象にはなりますが、こういう会話のできるAさんは、結果的に周りからの信頼を得ることになります。

パターン❷ 「服従」の会話による〝へりくだり〟

「フランス帰りなんてすごいね。そんなお友達がいるなんて、さすがBさんだね」

Aさんは Bさんのステイタスを上げるだけでなく、自分のステイタスも下げてものを言っている印象です。この返答もBさんの話題についてポジティブな内容なので、Bさんはうれしく思うかもしれませんが、やや大げさな感じもします。

Aさんは Bさんのことを少し恐れているのか、いつもそういう言い回しをしてしまうクセなのかもしれません。

ただし、誰に対してもこのようにへりくだっていると、逆に信用を落としかねません。

また、ここまで持ち上げられてしまうと、Bさんもこのままワインパーティの話をするのも気が引けてしまいます。Aさんがこれ以上Bさんの話を聞きたくないと思ったら、かえって効果的な切り返しなのかもしれません。

あるいは、AさんとBさんは大変仲のいい友達同士で、ふざけてBさんをバカにして、大げさに褒めているのかもしれません。

「服従」の会話は大変複雑で、やりすぎてしまうと相手はかえって不快な気持ちになります。友だち相手でふざけているつもりでも、本当のケンカになりかねないので要注意です。

パターン❸　「侮辱」の会話による〝上から目線〟

「相変わらずよく飲むね。でも、今年のフランスはぶどうが不作だったんだよね」

これは、相手のステイタスを下げる「侮辱」の会話です。Aさんは自分のふった映画の話題が流されてしまい、不快になってしまったのでしょうか。ワインのことなら自分も詳しいところを見せて、2人の関係で優位に立とうとしています。

これにはBさんも少し不快な気分になって、その後に会話が続くとしても、トゲトゲしいやりとりになることが予想されます。

相手の反応が不満だと、ついついこういう態度をとってしまいがちですが、敵対関係がエスカレートするだけで、お互いの空気は悪くなってしまう恐れがあります。

ただし、仲のいい友だち同士なら、このような会話は許されます。Aさんは本当にワインに詳しい人かもしれないですし、だとしたら、2人の間に強い信頼関係さえ感じます。

パターン❹「自慢」の会話による〝対抗〟
「へぇ、そうなんだ。映画すごいよかったよ。あなたも今度、観に行ってきなよ」

この場合、AさんもBさんの話題に興味を示さず、逆に自分の話題に戻すことでステイタスを上げようとしています。この後もBさんはワインパーティ、Aさんは映画の話をし続けますが、会話がイマイチ成立していない印象があります。

しかし、これもとても親しい間柄だったとしたら、おかしな感じにはなりません。2人は長年の知り合いで、細かいことを気にせず付き合える間柄なのかもしれません。お互いが相手の話に興味を示していないように見えて、実はよく聞いているのです。

◆会話とステイタスの磁石

会話でも、**「ステイタスの磁石」**の効果は働くので、「侮辱・自慢」は互いに引き寄せ合い、「尊敬・服従」も互いに引き寄せ合うことになります。

気にさわることを言われると、つい言い返したくなりますが、結果的に「侮辱・自慢」の言い合いになってしまうわけです。「売り言葉に買い言葉」というやつですね。

相手とのトラブルを避けたいと思ったら、「侮辱・自慢」に対しても、自分はあえて「尊敬・服従」の会話を返すように心がけるのが有効です。

自慢した相手に対して、それを受け入れて褒めてあげると、相手も自慢をやめて、「いいえ、そんなことはございません……」と、謙遜したくなるものです（ただし、これは日本人特有の国民性かもしれません）。

仲のいい友人関係に許されるステイタスの「シーソーゲーム」をしているのであれば、状況は少し変わってきます。

相手が「洋服を買った」とか「温泉に行った」といった「自慢」に対し、「すごいね〜！」

とか「さすがだね！」など、大げさに「尊敬・服従」の返事を返すことで、冗談の会話が成立します。

逆に、「洋服のセンスが悪い」とか「温泉は年寄りくさい」といった返事をしたとしても、お互いにふざけてバカにし合っているような別の冗談が成立するのです。

あくまで相手との信頼関係によって成り立っている「ごっこ」のようなものですが、「侮辱」や「自慢」も友人関係であれば、お互いの絆をさらに強くしてくれる働きがあります。

いつも嫌味を言ってくる同僚や上司に対して、あなたは普段、どのような態度をとっていますか？　これまで反発したり、相手を避けていたために、逆効果になっていたかもしれません。今度からは褒めたり、服従するような返事をしてみてはいかがでしょうか。

相手は調子に乗ってますますイヤなことを言ってくるだけかもしれませんが、話の方向性を変えるきっかけにはなるはずです。それが**話の主導権を握る第一歩**となるので、いろいろと試行錯誤をしてみる価値はあると思います。

no. 4 ステイタス・コントロールでストレスフリーな人間関係づくり

あなたの周りの人たち、上司や部下、同僚、友人たちの中には、一緒にいて居心地がいい人も悪い人もいると思います。

たとえば、頼みごとをされたら快く引き受けたいと思える人と、そうでない人。そういった人たちの会話の進め方などに、傾向はありませんか？

会話にも人それぞれクセがあるもので、いつも「尊敬・服従」でモノを言う「やさしそうな人」や、「侮辱・自慢」で言う「えらそうな人」がいるわけです。これも「ナチュラル・ステイタス」の一種だと言えます。

また逆に、**周囲は「あなた」に対して、どのような印象を持っているのか**、想像してみましょう。

相手のいいところを探し、誰とでも「尊敬・服従」の会話ができる人は、ある意味とても創造的です。

ただし、これもバランスで、いきすぎてしまうと単に八方美人ととられてしまったり、ウソをついているように受け取られかねません。

一方、いつでも「侮辱・自慢」の態度で、上から目線で話をする人とは、一緒にいても楽しくありません。

しかし、相手に対して厳しい意見を伝えなければいけないときはありますし、物事に対して批判的な角度で見ることは重要なことです。単に自慢ばかりでは主導権は握ることはできませんが、いいことばかり言っているだけでも、社会を生き抜くことはできないんですよね。

「尊敬・服従」や「侮辱・自慢」は状況に応じて使い分けていく必要があるわけです。

◆人間関係のトラブルは、あなたのステイタスが一因かも？

最初は相手の言葉の意図を探るあたりから、ステイタスを会話に活かしてみてください。人間関係のモヤモヤやゴタゴタは、もしかしたら、あなたの何気ない一言が原因だったのかもしれません。

小さなきっかけが相手のしぐさや行動に影響して、感じ悪い態度をとられたのでは？いや、あなたがそんな何気ない一言を言ったのは、そもそも相手に原因があったのかも？

関係をよくしたいと思う相手がいるなら、ぜひ、実際に会って会話をする機会を増やしてください。ステイタスを意識して接することで、良好な関係であればさらに絆が強くなるはずです。また、マイナスに向いている関係であれば、プラス方向に軌道修正するきっかけをつかめるかもしれません。

関係を悪くしたくないがためにコミュニケーションを怠ってしまうのは、本末転倒だと思うのです。しぐさや伝え方でうまくステイタスをコントロールして、誤解やストレスのない、いい人間関係をつくっていきましょう。

COLUMN

女性のほうがステイタスを意識している!?

今回この本を執筆するにあたり、セミナーの受講者の方々にステイタスに関する経験談を聞いてみました。ステイタスのワークを体験した皆さんですが、興味深かったのは女性からたくさんの具体的なお話をうかがえた点です。

一方、男性の受講者からは、「普段からステイタスを意識して生活している」といった漠然とした意見がほとんどでした。

あるIT関連企業にお勤めの女性Hさんは、男性の部下や同僚に対してミスを指摘するときは、CC付きメールや会議の最中ではせずに、直接1対1で伝えるとおっしゃっていました。

一度、男性スタッフのミスを人前で指摘したところ、どうやらプライドを傷つけてしまったそうなのです。同じ男性として器の小さいふるまいのようにも思いましたが、女性に自分のステイタスを下げられることに対して抵抗がある男性は、まだまだ多いのかもしれません。女性は男性が気づかないような努力や気遣いを、普段からしているものなんですね。

「女性の強さ」という点では、ずいぶん昔に、イギリス人女性からステイタスを象徴するような話を聞いたことがあります。

あるとき、私の友人の日本人女性が、「日本の社会では女性の地位が低い。日本の女性たちもおしとやかに男性に従うのが一般的なので、自分をしっかり持って強く生きる西洋の女性がうらやましい」といったことをイギリス人女性のAさんに伝えました。するとAさんは、「そうかしら？」と言ってこんな話をしてくれました。

Aさんが大学を卒業した時期に、あこがれのバックパッカーになって、数カ月オーストラリアを旅行したことがあるそうです。

そのとき、やはり旅行者でドイツ人の男性、Bさんと出会い、恋人同士になりました。何週間か一緒に旅行した後、Bさんはビザの関係でドイツに帰国することになりましたが、「ぜひ、ドイツまで来てほしい」とAさんに住所を残したのだそうです。

メールもSNSもない時代です。Aさんはその後1人で旅行を続け、2〜3カ月後にBさんの残した住所を訪ねました。ドアを開けたBさんは喜んでくれると思いきや、表情を曇らせました。実はBさんはドイツに帰国後、しばらくして日本人のCさんという彼女ができて、今そのアパートで同棲しているというのです。

迷惑そうではありますが、ホテルに泊まるお金がないAさんを追い払うこともできず、「しばらくの間なら」ということでアパートに上げてもらいました。そこから気まずい3人の共同生活が始まったわけです。

当然、Aさんはおもしろくありません。

「ぜひ、ドイツに来てくれ」という言葉を信じてやってきたのに、相手は勝手に新しい彼女と同棲している。一方、Bさんにとっても、その後まったく音信のなかったAさんが2カ月後にひょっこりやって来るなんて、思ってもいないことでした。

AさんとBさんは朝から晩まで言い争いをしていたそうです。

その間、日本人女性のCさんはというと、まったく状況に首を突っ込まないで、不満も漏らさず、淡々と家を掃除したり、皆のために料理をつくったりしています。

言い争っても問題が解決されることはなく、結局、数日してAさんはそのアパートを出ることにしました。そして後日聞いた話では、Aさんが去った後、過去のいい加減な女性関係がバレてしまったBさんも居心地が悪くなり、そのアパートを出て行ってしまったそうです。

最終的に、その家に残り平穏な生活を手に入れたのは、まったく文句も言わないで皆に尽くしていたCさんだったという……。


このCさん、低いポジションのようですが、実は「まったく動じない」というのはとてもステイタスの高いふるまいなのです。結局、Bさんもその無言の圧力に負けてしまい、もともと自分が住んでいたアパートを手放さなければいけなくなったというわけです。

Cさんが意図的にやっていたとしたら、なかなかの策略家です。「男性と対等にやり合うことが女性の強さではないんだ」ということをAさんが言っていたのが、とても印象的でした。皆さんはどう思われますか？

おわりに

先日、電車に乗っていたときのことです。

車内はすいていていましたが、20歳前後の若者が2人分のシートを占領して、行儀悪く股を広げて座っていました。派手なジャージを着て、いきがった顔でスマートフォンをいじっています。

まさに「肉体的に強い」ポーズのアピール、座席を広く使うことで自分のステイタスを主張しています。

しばらくすると、少しずつ乗客が増えて、座席が埋まり始めました。

彼は早めに足をそろえて座り直すべきでしたが、行動に移そうとしません。タイミングを逃してしまったので、彼自身、居心地の悪さを感じ始めています。全身から彼の「焦り」がにじみ出てきているのが、はっきりとわかりました。

それでも席をあけようとせず、1人2人、車内で立つ人が出てきても、スマホの画面を凝視して、周囲の視線に気づかないふりをしています。

まるで「足を閉じて席をあけたら負けだ！」と思っているかのように、とにかく必死です。彼はいったい、何と戦っているのでしょうか。空間を大きく使ってステイタスが高いしぐさのはずが、この状況ではまったく逆で、ちょっと気の毒にも見えてきます。

自分ではどうしようもなくなっているところへ、救いの一言がかけられました。荷物を両手に持ったおばさんが、「スイマセン、席をあけてくれますか？」と声をかけてきたのです。

すると、彼はいかにも今初めて気がついたといった表情をして、面倒くさそうに座り直し、席を1つあけました。私はその様子を見ていて、どちらかというと彼に対してほっとしました。

本当に人から一目置かれたいと思っているとき、彼がステイタスを知っていたら、もう少し別の行動がとれたに違いありません。

ステイタスを高める行動を一生懸命しているつもりが、状況にマッチしないために、逆効果で自分の首を絞めてしまうことがあるんですよね。

しぐさは実にいろいろなことを教えてくれます。

よく観察してみると、状況をコントロールしている人は実は一番腰が低い人だったり、リーダーシップを発揮しようとえらそうにふるまっているつもりが空回りしている、なんてことはよくあります。

地位や肩書きにとらわれないで、その場その場で変化するステイタスに目を向けてみてください。状況がつくり出すステイタスは本人にとって把握しづらいかもしれませんが、周囲を意識して観察すれば難しいことではありません。

それを謙虚に受け止め、時に勇気を出して行動することが、人間関係で失敗しない秘訣なのだと思います。

私がパントマイムスクールに通っていたのは、今から20年以上も前になります。そのときに即興劇（インプロ）の演出法として出会った「ステイタス」をはじめ、さまざまな身体表現のエッセンスを、本書で少しでも皆さんと共有できたとしたら、うれしい限りです。

日常生活は筋書きのない即興劇を演じているようなものだな、とよく考えることがあります。

あなたは役者であり演出家であり、観客でもあります。ぜひ、素敵なストーリーを演じるつもりで日常を過ごしてみてはいかがでしょう！　しぐさやふるまい方を変えると、キモチもガラッと変わります。

最後になりますが、同文舘出版の戸井田歩さん、また私と出版社さんとの出会いをサポートしてくださった「企画のたまご屋さん」とご担当のたかひらいくみさんに、この場を借りて厚く感謝申し上げます。

荒木シゲル

著者略歴

荒木シゲル（あらき　しげる）

アクトバート合同会社 代表、コムトレーニング講師、パントマイム・アーティスト
デジタルハリウッド大学大学院 客員教授、CGＡｒｔｓ協会 協会委員、日本コーディネーショントレーニング協会ブロンズライセンス
高校卒業後にイギリスの美術大学に留学し、卒業後はデズモンド・ジョーンズに師事、パントマイム・アーティスト、俳優として活動。ロンドン市内の劇場で４つのソロ公演を興行、イギリス国内外の雑誌、新聞等で取り上げられた。アジア人パフォーマーの代表として故マーガレット王女に呼ばれ、晩餐会でパントマイムのデモンストレーションを行なったこともある。98 年に帰国後は、ＣＧキャラクターアニメーションのアドバイザーとして映像、ゲーム製作に関わる。また、ヒューマノイドロボット研究者の集まる「デジタルヒューマンワークショップ 2005」、国内外のＣＧクリエイター・研究者の集まる「シーグラフアジア 2009」、スイス、チューリッヒ大学でのシンポジウムなどで身体表現に関する講演を行なう。現在は、即興演技・パントマイムを取り入れたコミュニケーションセミナー“コムトレーニング”を、企業や学生を対象に開催している。

■荒木シゲル 公式サイト
http://www.shigeru-araki.com/

伝わり方が劇的に変わる！
しぐさの技術

平成 29 年 1 月 30 日　初版発行

著　者 ―― 荒木シゲル

発行者 ―― 中島治久

発行所 ―― 同文舘出版株式会社

東京都千代田区神田神保町 1-41　〒 101-0051
電話　営業 03（3294）1801　編集 03（3294）1802
振替 00100-8-42935
http://www.dobunkan.co.jp/

ISBN978-4-495-53641-1
印刷／製本：萩原印刷
Printed in Japan 2017